Hermann Neuer

Die Freimaurer – Religion der Mächtigen

Hermann Neuer

Die Freimaurer –
Religion der Mächtigen

Schwengeler-Verlag, CH-9442 Berneck

CIP-Titelaufnahme der Deutschen Bibliothek:

Neuer, Hermann:
Die Freimaurer: Religion der Mächtigen / Hermann Neuer
– 2. Auflage – Berneck: Schwengeler, 1991

Nr. 2818: Leben – Werk – Wirkung
ISBN 3-85666-301-0

NE: GT

ISBN-Nr. 3-85666-301-0

Reihe «Leben – Werk – Wirkung»
Nr. 2818

© 1991 by Schwengeler-Verlag, CH-9442 Berneck
2. Auflage 1992
Titelzeichnung: Martha Berndörfler
Gestaltung und Gesamtherstellung:
Cicero-Studio am Rosenberg, Berneck/Schweiz

Inhaltsverzeichnis

I. Einleitung

Im ersten Moment mag es erstaunen, daß in einer Reihe, die das Leben berühmter Männer und Frauen aus Geschichte und Gegenwart darstellen und ihre jeweilige Weltanschauung kritisch untersuchen will, ein Band mit dem Titel «Die Freimaurer» erscheint. Doch dafür gibt es gute Gründe. Die Freimaurer haben nämlich ihre eigentliche Bedeutung der Tatsache zu verdanken, daß seit ihrer eigentlichen Entstehung in London im Jahr 1717 ungezählte Berühmtheiten zu ihren Mitgliedern zählten. Kaiser, Könige, Fürsten, Präsidenten und Kanzler gehörten ebenso zu ihren Förderern, wie Philosophen, Dichter, Komponisten und militärische Führer. Wer das Anliegen der Freimaurer verstehen lernt, begreift allmählich, was so unterschiedliche Persönlichkeiten wie Friedrich den Großen, Goethe, Mozart und Kaiser Wilhelm I. und viele andere, die unsere moderne humanistische Welt geprägt haben, zusammenhielt. So nötig es ist, jeden von ihnen auch einzeln unter die Lupe zu nehmen, so wichtig ist es auch, den größeren Zusammenhang zu beachten. Deswegen wird in diesem Band die Freimaurerei gerade als das verbindende Anliegen, als die eigentliche Religion geschichtlicher Persönlichkeiten untersucht.

Was ist das eigentliche Anliegen der Freimaurer? Zwei Definitionen von den Freimaurern wohlwollend gegenüberstehenden Autoren mögen einen ersten Einstieg bieten:

«Die Freimaurerei ist eine international verbreitete Vereinigung, die unter Achtung der Würde des Menschen für Toleranz, freie Entwicklung der Persönlichkeit, Brüderlichkeit und allgemeine Menschenliebe eintritt. Sie geht davon aus,

daß menschliche Konflikte ohne zerstörerische Folgen ausge-
tragen werden können. Voraussetzung dafür ist die Herstellung eines Vertrauensverhältnisses zwischen den Menschen
unterschiedlicher Überzeugungen ... » (Reinalter 1989: 9)

Die Freimaurerei tritt ein «für das Wohl der Menschheit...
indem sie sich und andere geistig und sittlich zu veredeln su-
chen, um dadurch einen allgemeinen Menschheitsbund her-
beizuführen, den sie unter sich im kleinen bereits darstellen...» Es ... «gilt das gesteckte Ziel ... die Menschheit von
Furcht, Sorge und Zwietracht zu erlösen und sie in den para-
diesischen Zustand vor dem ‹Sündenfall› zurückzuversetzen»
(Miers 1986: 148)

Vorweg seien noch die neuesten Gesamtzahlen der bundes-
deutschen Freimaurer genannt, die die von Freimaurern selbst
herausgegebene Zeitschrift «Humanität» veröffentlichte. Sie
beziffern sich in der Bundesrepublik auf 14.039 Mitglieder,
wobei die fremdsprachigen Logen und Hochgradsysteme nicht
mitgerechnet sind (Ruppert 1990: 135). 1986 waren es noch
20.500 Mitglieder gewesen (idea-spektrum 20/90: 8). Die deutsche Freimaurerei hat sich von ihrem Schlag unter dem Nationalsozialismus, der Judentum, Freimaurerei und Kommunismus in einen Topf warf, bis heute nicht wieder erholt.

In anderen Ländern ist die Situation dagegen ganz anders.
Weltweit wird derzeit von knapp 6 Mill. Mitgliedern dieses
zahlenmäßig stärksten Männerbundes der Welt gesprochen
(Reinalter 1989: 302). Man geht dabei von 4 Mill. Freimaurern in den USA und 1 Mill. Freimaurern in England aus (EB
15: 302). Die restliche 1 Mill. verteilt sich auf die ganze übri-
ge Welt.

Der Aufbau des Buches ist einfach: Im ersten Kapitel wird
ein kurzer Überblick gegeben, welche geschichtlich bedeut-
samen Personen Freimaurer waren, wobei es sich natürlich
nur um eine Auswahl handeln kann.

Im zweiten Kapitel wird versucht, etwas Klarheit in das Durcheinander um die Vorgeschichte und Entstehung der Freimaurerei zu bringen.

Im dritten Kapitel folgt ein Abriß der eigentlichen Geschichte der Freimaurerei von 1717 bis 1945.

Im vierten Teil wird schließlich begründet, weshalb die Freimaurerei eine Religion und weshalb sie mit dem biblischen Christentum nicht zu vereinbaren ist.

Im Rahmen von verschiedenen Weltverschwörungstheorien spielen die Freimaurer eine große Rolle. Die meisten der gegen sie erhobenen Vorwürfe sind dabei historisch schwer zu belegen. Wir beteiligen uns an dieser Diskussion nicht, sondern beschränken uns auf das aus den Quellen zu Belegende. Wir tun dies nicht, weil wir sicher wären, daß alle die anderen Vorwürfe unhaltbar wären, sondern weil wir der Meinung sind, daß das jedermann zugängliche Wissen über die Freimaurer bei weitem ausreicht, um zum einen die überragende historische Bedeutung der Freimaurer zu erfassen und zum anderen die Unvereinbarkeit der Freimaurerei mit dem Christentum zu begründen. Durch Vermutungen über weitergehende geheime Zusammenhänge wird unseres Erachtens nichts Wesentliches gewonnen.

Aus diesen Gründen haben wir auch darauf verzichtet, Mitglieder von Freimaurerähnlichen Vereinigungen aufzunehmen, so etwa der jüdischen Loge Bnaith Berith, der viele Zionisten und Begründer Israels angehörten. Die Querverbindungen der offiziellen Freimaurer mit einer großen Zahl von anderen Logen, Orden und Bewegungen sind derart zahlreich, daß man sich leicht völlig verliert. (Vgl. das ins uferlose gehende Material in den Werken von Karl R. H. Frick über die Geheimgesellschaften unter Einschluß der Freimaurer Frick 1973, Frick 1975, Frick 1978.) Wer an dieser Thematik interessiert ist, sei daher auf den Band über Helene Blavatsky in derselben

Reihe und ein weiteres Werk von dessen Autor über die Theosophie verwiesen (Holthaus 1989, Holthaus 1990).

Die Notwendigkeit der vielen Literaturhinweise ergibt sich
daraus, daß im Rahmen von Verschwörungstheorien und der
vielen Legenden der Freimaurer eine Flut von Meinungen
existiert, die nicht belegt werden kann und wir uns bewußt
davon abgrenzen wollen. Englische Literatur wird zitiert,
weil die USA die Hochburg der Freimaurer sind und die dor-
tige Literatur pro und contra Freimaurerei unverzichtbar erscheint. Zur Literatur zum Thema ‹Freimaurerei› hat schon
Alec Mellor für das Jahr 1911 von einem «bibliographischen
Himalaya-Gebirge» mit rund 54.000 Titeln gesprochen (Mellor 1967: 11), und man kann wohl davon ausgehen, daß sich
diese Zahl in den letzten 80 Jahren mindestens verdoppelt
hat. Es konnte daher noch nicht einmal die allerwichtigste Literatur aufgeführt werden. Teilweise mußte eine recht willkürliche Auswahl getroffen werden. Sie reicht aber aus, um
alles hier Gesagte zu belegen und einen ersten Weg durch die
Fülle des Materials zu finden.

II. Berühmte Freimaurer

A. Einführung

Daß gerade viele berühmte deutsche Philosophen und Dichter Freimaurer waren ist kein Zufall, war es doch die von den Freimaurern vertretene Aufgeklärtheit und Toleranz, die die großen Philosophen der Neuzeit an die Stelle des christlichen Weltbildes setzen wollten. Die deutsche Freimaurerei ist derart stark von den großen deutschen Philosophen und Denkern geprägt worden, daß es unbegreiflich erscheint, daß in fast allen Philosophiegeschichten die Freimaurerlogen totgeschwiegen werden. Wer die großen Namen derer nennt, die die Ablösung von den christlichen Wertvorstellungen vollzogen und die Welt des modernen Pluralismus begründet haben, wird zum Teil gewollt oder ungewollt ein ‹Who is Who› der Geschichte der Freimaurer aufstellen.

Eine Institution, die wie die Loge über Jahrhunderte die bedeutendsten Herrscher, Philosophen und Dichter gleichermaßen begeistern konnte, kann im Geschichtsunterricht nicht einfach übergangen werden, ganz gleich, ob man in ihrem Einsatz für freimaurerische Ideen die Wurzel allen Übels oder den Quell aller guten Werte sieht.

Es liegt doch auf der Hand, daß Lessing, Friedrich der Große und Goethe, um drei Zeitgenossen zu nennen, die stellvertretend für den Einfluß der Logen in Philosophie, Dichtung und Politik stehen, nicht nur zufällig in ein und derselben religiösen Organisation waren, die dazu im deutschsprachigen Bereich nie eine besonders große Mitgliedschaft hatte. Es fällt auch schwer zu glauben, um ein anderes Bei-

spiel zu erwähnen, daß das erste Kabinett der USA nur aus
Freimaurern bestand, obwohl es deren nur 1500 in den USA
gab, ohne daß die Ideen der Freimaurer dadurch das öffentliche Denken der Vereinigten Staaten mehr geprägt hätten, als
irgend etwas sonst.

Auch wenn die Frage des Verhältnisses zwischen Christentum und Freimaurerei erst im letzten Kapitel aufgegriffen
wird, soll die Frage nach dem Einfluß der Freimaurer hier
schon damit in Verbindung gebracht werden. Lessing eröff-
nete mit der Publikation der ‹Wolfenbütteler Fragmente› von
Reimarus die moderne Bibelkritik. Männer wie Goethe, Voltaire oder Herder erschütterten die christlichen Lehren bis in
die Fundamente. Nimmt es da Wunder, daß Christen die große Zahl freimaurerischer Geistesgrößen nicht nur als isolierte
Einzelne gesehen haben, sondern im Freimaurertum eine die
verschiedensten Denkansätze verbindende den christlichen
Absolutheitsanspruch in Frage stellende religiöse Richtung
ausmachten? Daran ändern dann auch jene Geistesgrößen
nichts, die gleichzeitig kirchliche Würdenträger waren und
die Kirchen von innen her aushöhlten. Gleich auf welcher
Seite man steht: Daß sich die Freimaurerei dem Christentum
gegenüber nur tolerant verhalten habe und deswegen über die
christliche Reaktion nur erstaunt sein könne, müßte sich gerade an den Geistesgrößen erweisen, die die Freimaurerei
ebenso wie die Entwicklung der Moderne bestimmt haben.
Die meisten von ihnen haben jedoch mit ihren Gedanken
über das Christentum nicht hinter dem Berg gehalten.

Es sei darauf hingewiesen, daß es sich im folgenden nur
um Beispiele handelt. Dabei ging es weniger um Personen,
die formal Mitglieder einer Loge waren, als um Personen, die
sich entweder aktiv für die Maurerei einsetzten oder aber in
ihrem Denken, mit dem sie die Geschichte prägten, von den
freimaurerischen Idealen bestimmt waren. Daß sie fast alle

auch Logen angehörten – in drei Fällen ist es allerdings nicht völlig sicher – ist also nicht unser Hauptinteresse.

B. Philosophen

Gotthold Ephraim Lessing (1729-1781), «der kühnste und genialste Freimaurer des vorigen Jahrhunderts» (Stern von Bethlehem 1981: 117), gilt als der eigentliche Begründer der deutschen humanitären Freimaurerei. Lessing hatte zwar mit einzelnen Logen unangenehme Erfahrungen gemacht und entwickelte seine freimaurerischen Ideale losgelöst von einer konkreten Loge (auch wenn er pro forma in der Hamburger Loge blieb) (Lennhoff/Posner 1980: 916-8), verkündigte sie dafür aber in fast allen seinen Schriften. Berühmt ist etwa ‹Die Erziehung des Menschengeschlechts›. Kulturgeschichtlich ebenso bedeutend ist sicher ‹Nathan der Weise›, in dem die Ökumene der drei monotheistischen Religionen gefordert wird. Die Aufgabe des christlichen Wahrheitsbegriffes und das Hintanstellen des trinitarischen Gottesglaubens hinter den Monotheismus hat gemeinsam mit Lessings Eintreten für eine massive Kritik der Evangelien, etwa durch die Veröffentlichung der ‹Wolfenbütteler Fragmente› seines verstorbenen Freundes Reimarus, das christliche Abendland von Grund auf verändert.

Lessings eigentliche Freimaurerschrift ist jedoch ‹Ernst und Falk: Gespräche für Freimaurer› (1778 und 1780), in denen er der kommenden Gestalt der deutschen Freimaurerei klassischen Ausdruck verlieh.

Hermann Samuel Reimarus (1694-1768) war übrigens ebenso Freimaurer wie andere bedeutende Begründer der modernen Bibelkritik wie *Richard Simon* (1638-1712), *Ernst Renan* (1823-1892), *Christian Wolff* (1679-1754) oder *David*

Friedrich Strauß (1808-1874) (Agethen 1984: 260; Bartels 1929: 79).

Johann Gottfried Herder (1744-1803) verzichtete als höchster Geistlicher des Landes auf Kontakt zur Loge in Weimar, war aber in Riga bereits einer Loge beigetreten (Lennhoff/Posner 1980: 687-688). Herder kämpfte als aufgeklärter Theologe gegen den zunehmenden Einfluß von Magie und Alchemie bei den Freimaurern (ebd. 688), verkündigte aber ansonsten deutlich die freimaurerischen Ideale in Schriften wie ‹Briefe zur Beförderung der Humanität› und ‹Adrastea› und trat für den von Lessing geforderten Menschheitsbund ein. Der Einfluß Herders auf die deutsche Freimaurerei ist unbestritten, wenn er in der Darstellung auch oft hinter dem Lessings zurücktritt.

Johann Gottlieb Fichte (1762-1814) hat seine Ideale in Schriften wie ‹Die Kritik aller Offenbarung›, ‹Anweisung zum seligen Leben› oder ‹System der Sittenlehre› niedergelegt. Fichte war der Mann, der nach Lessing, Herder und Goethe zeitlich die Freimaurerei als nächstes maßgeblich prägte (Lennhoff/Posner 1980: 474-476). Als beliebter Redner bis ins hohe Alter hatte er dabei eine ganz andere Öffentlichkeitswirksamkeit als andere freimaurerische Philosophen und als Professor prägte er die nächste Philosophengeneration. Sein eigentliches freimaurerisches Werk sind seine im Jahr 1800 gehaltenen Vorträge ‹16 Briefe an Constant über Philosophie der Freimaurer›. Ziel des Freimaurerbundes ist in ihnen für Fichte wie bei Lessing, an die Stelle einer ständischen Bildung eine allgemeine Menschheitsbildung zu setzen, wobei die Menschheit durch den Sieg der Vernunft zu einer moralischen Einheit wird. Die Freimaurerei ist für Fichte nicht religiös, handelt aber religiös.

Karl Christian Friedrich Krause (1781-1832), ein Schüler von Schelling und Fichte und wie diese beiden ebenfalls

Freimaurer, schrieb zahlreiche bedeutende Werke über die Freimaurerei (Lennhoff/Posner 1980: 807-875).

«Die Bedeutung von Krause für den Freimaurerbund liegt nicht so sehr in seinen eigentlichen freimaurerischen Schriften, als vielmehr in dem von ihm vorgeahnten Menschheitsbund. ... Mit Lessing ist daher Krause der eigentliche Begründer jener humanitär denkenden Freimaurerei ... Somit darf Krause ... neben Lessing als der geistige Vater der deutschen Freimaurerei bezeichnet werden ...» (Lennhoff/Posner 1980: 875).

François Marie Arouet, besser bekannt als *Voltaire* (1694-1778), einer der schärfsten Kritiker des Christentums und Vorreiter der Aufklärung, wurde zwar erst in seinem letzten Lebensjahr in eine Pariser Loge aufgenommen (Lennhoff/Posner 1980: 1658), äußerte sich jedoch schon vorher an zwei Stellen positiv über die Freimaurerei (ebd. 1659), stand mit deren Denken in Einklang und unterhielt eine enge Freundschaft zu dem Freimaurer und Preußenkönig Friedrich dem Großen.

Ob der Philosoph *Georg Wilhelm Friedrich Hegel* (1770-1831) selbst Freimaurer war oder nur stark von Freimaurern beeinflußt war, wird noch diskutiert. Dennoch ist seine Nennung hier gerechtfertigt. Der Franzose Jacques D'Hondt hat in seinem Buch «Hegel in seiner Zeit» (D'Hondt 1984) den Nachweis geführt, «daß Hegel keineswegs der Parteigänger der Reaktion, der Restauration und des monarchischen Absolutismus war» (D'Hondt 1983: 5). Hegels Philosophie ist letztlich trotz oder gerade wegen seiner Rechtfertigung des Machtstaates revolutionär ausgerichtet. Die Linkshegeliander, unter denen die Kommunisten die bekanntesten sind, widmeten sich einer internationalen sozialistischen Revolution, die Rechtshegeliander, aus denen schließlich auch der Nationalsozialismus hervorging, widmeten sich einer machtstaatlichen (national-)soziali-

stischen Revolution (für beides: Topitsch 1981; Kiesewetter
1974; Kaltenbrunner 1970). Auf der Suche nach den Wurzeln
dieses revolutionären Elements in Hegels Philosophie eines
Weltgeistes, der die Menschheit durch dialektische Sprünge
nach oben entwickelt, kommt D'Hondt in einem weiteren Buch
«Verborgene Quellen des Hegelschen Denkens» (D'Hondt
1983) zu dem Ergebnis, «daß die Quellen des Hegelschen Denkens nicht nur jene sind, die von der traditionellen Geschichte
festgehalten werden, sondern daß man ergänzende Quellen bei
den verschiedensten revolutionären, jakobinischen, freimaurerischen, häretischen und nichtkonformistischen Schriftstellern
findet» (ebd. 5). Beginnend mit dem Freimaurer Johann Wilhelm von Archenholz und seiner Zeitschrift «Minerva», die
übrigens auch Hegels ‹Tübinger Gefährten› Hölderlin und
Schelling beeinflußte (ebd. 11), geht D'Hondt minutiös die
Lektüre Hegels durch. Daß Hegel später die Namen derer, die
ihn inspirierten, totschwieg, erklärt D'Hondt mit politischer
Rücksichtnahme. Zurückhaltend – war Hegel allerdings nur,
wenn die Namen tabu waren. Im anderen Falle machte er aus
der Verehrung kein Hehl, etwa wenn es um Lessings Schriften
«Nathan der Weise» und «Ernst und Falk: Gespräche für Freimaurer» ging, die ihn tief beeinflußten (ebd. 225-237).
D'Hondt geht sogar davon aus, daß Hegel in seinem Werk
«Eleusis» im Gefolge Lessings die freimaurerischen Ideale be-
singt (ebd. 228-237). D'Hondt fragt: «Liefert es uns damit,
dank einer Art paradoxer Indiskretion, das Geständnis der tat-
sächlichen Zugehörigkeit seines Verfassers zur Geheimgesellschaft?» (ebd. 235). Die Antwort muß letztlich offen bleiben.
Allerdings weist D'Hondt darauf hin, daß die juristische Mitgliedschaft für Hegel wohl ebenso wie für Lessing und andere
Freimaurer gegenüber der Ausrichtung des praktischen Lebens
an den freimaurerischen Idealen ohnehin eine untergeordnete
Rolle spielte (ebd. 236). D'Hondt schrieb übrigens seine Bü-

cher zur Ehrenrettung Hegels, weshalb die deutschen Übersetzungen alle in der DDR erschienen und gefördert wurden. Seine Erkenntnisse werden m.W. von niemand bestritten.

C. Schriftsteller

Johann Wolfgang von Goethe (1749-1832) wurde 1780
Mitglied der Weimarer Loge ‹Amalia›, der er später manchen
Minister und Dichterfreund zuführte. (Daneben schloß sich
Goethe auch dem Illuminatenorden an.) Die Loge ruhte dann
jedoch über Jahre und wurde von Goethe später neu begründet. Goethe hat dieser Loge zahlreiche Gedichte und Lieder
als Widmung zugesandt, die einen tiefen Einblick in seinen
lebenslangen Einsatz für die Freimaurerei geben. In vielen
Goetheausgaben sind solche Werke unter der Überschrift
‹Loge› gesammelt. Das Logengedicht ‹Des Maurers Wan-
deln, es gleichet dem Leben› ist bis heute unter Freimaurern
Gemeingut und wurde in viele Sprachen übersetzt. Ein Freimaurer schreibt über weitere Schriften Goethes:

«Maurerische Anklänge bei Goethe finden sich besonders
in Wilhelm Meisters Lehrbrief in den ‹Lehrjahren›, dann in
den ‹Wanderjahren›. … Den tiefsten Gehalt der leider Frag-
ment gebliebenen ‹Geheimnisse›, in denen Humanus als Ho-
herpriester der Humanität erscheint und die Versöhnung von
Antike und Christentum gefeiert wird, schöpft nur der aus,
dem sich Sinn und Bedeutung der Freimaurerei ganz er-
schlossen haben.» (Lennhoff/Posner 1980: 619).

Daneben gibt es Anspielungen auf die Freimaurerei in vielen Werken Goethes.

Goethe wirkte bei der Logenaufnahme des Dichters *Christoph Martin Wieland* (1733-1813) mit und hielt auch die Ge-
dächtnisrede in der Weimarer Loge bei Wielands Tod (Lenn-

hoff/Posner 1980: 1703). Pietistisch erzogen, wandte sich
Wieland seit 1758 unter dem Einfluß französischer und eng-
lischer Aufklärungsphilosophen vom Christentum ab. Seine
noch 1786 geäußerte Skepsis gegen die Freimaurer überwand
er schließlich und beantragte 76jährig die Aufnahme in die
Weimarer Loge. Dies Gesuch sowie drei weitere berühmte
Freimaurerreden von 1809 sind seine eigentlichen Freimau-
rerschriften (ebd. 1701-1703).

Die Frage, ob *Friedrich von Schiller* (1759-1805) Freimaurer war, «ist oft gestellt worden, da in seinen Werken
freimaurerische Anschauungen vielfach ihren Ausdruck finden.» (Lennhoff/Posner 1980: 1391). Die Frage wurde früher verneint. Allerdings gibt es Hinweise, daß Schiller von
Wilhelm Heinrich Karl von Gleichen-Rußwurm in die Ru-
dolfstädter Loge aufgenommen wurde. Auf jeden Fall hat
sich Schiller in Briefen mit dem Anliegen der Freimaurer
identifiziert (ebd. 1391-1392). Nicht zufällig wurden Parallelen zwischen maurerischer Dichtung und dem Lied ‹Freu-
de schöner Götterfunken›, das der Freimaurer Beethoven
vertonte, gefunden (ebd. 1392), auch wenn Schiller in diesem Lied sicher selbständig seine maurerischen Ideale formulierte.

Der Schriftsteller und Literaturhistoriker *Friedrich von
Schlegel* (1778-1829) fügte als Freimaurer den Freimaurer-
gesprächen von Lessing ‹Ernst und Falk› in einer Neuaufla-
ge 1804 ein drittes Gespräch an, in dem er seinen der Ro-
mantik entsprungenen Wunsch zum Ausdruck bringt, «daß
an Stelle der alten Freimaurerei ein Bund zur Herstellung
der christlichen Religion des Alten Deutschen Reiches, der
Freiheit, Treue und Sitte› treten solle.» (Lennhoff/Posner
1980: 1395).

Der deutsche Dichter und Schriftsteller *Ludwig Bechstein*
(1801-1860) gab nicht nur eine berühmte Märchensammlung

heraus, sondern verfaßte eine Reihe von Maurerliedern und gab neun Jahre lang das Freimaurerjahrbuch ‹Asträa› heraus (Lennhoff/Posner 1980: 141).

Ferdinand Freiligrath (1810-1876), Dichter und Freiheitssänger des Vormärz und des Jahres 1848, war 1842 Logenmitglied in Worms geworden, scheint aber politisch mit dieser Loge nicht übereingestimmt zu haben (ebd: 527).

Der Schotte Sir *Arthur Conan Doyle* (1859-1930), der Erfinder von Sherlock Holmes, war Freimaurer (Oslo 1988: 399). Gegen Ende seines Lebens begann er sich immer stärker für spiritistische Studien zu interessieren (Lennhoff/Posner 1980: 378) und wurde zu einem der führenden Vertreter des Spiritismus (Ruppert 1990: 232-234).

Weitere bekannte Dichter, die Freimaurer waren, sind (nach Oslo 1988):

Jonathan Swift (1667-1745), irischer Pfarrer und Verfasser politisch-satirischer Erzählungen wie ‹Gullivers Reisen›;

Friedrich Gottlieb Klopstock (1724-1803), Dichter des ‹Messias› (nicht zu verwechseln mit Händels ‹Messias›);

Friedrich Rückert (1788-1866), Dichter auch von Gedichten mit freimaurerischen Gedanken;

Lewis Wallace (1827-1905), Verfasser von ‹Ben Hur›;

Mark Twain (1835-1910), Verfasser berühmter Erzählungen;

Oscar Wilde (1854-1900), irischer Dichter;

Carl von Ossietzky (1888-1938), 1935 Träger des Friedensnobelpreises, als er bereits im Konzentrationslager war, wo er 1938 umgebracht wurde;

Kurt Tucholsky (1890-1935), Schriftsteller und politischer Journalist.

Neben den Schriftstellern übten manche Verleger, die Freimaurer waren, einen großen Einfluß aus, so

Eugen Diederichs (1867-1930), der die völkische Bewegung, aus der der Nationalsozialismus hervorging, maßgeblich förderte und religiöse und mystische Texte aus aller Welt verlegte (Oslo 1988: 399) und *Anton Philipp Reclam* (1807-1895), Herausgeber der ‹Universal-Bibliothek› (ebd. 407).

D. Komponisten

Der erste mir bekannte bedeutendere Komponist, der Freimaurer war, ist *Johann Christian Bach* (1735-1782), einer der vier Söhne von Johann Sebastian Bach. Er war Mitglied einer Londoner Loge.

Wolfgang Amadeus Mozart (1756-1791) gilt als der freimaurerische Komponist schlechthin. Der Einfluß der Freimaurerei, der er mit tiefster Überzeugung angehörte, auf sein gesamtes Schaffen ist unbestritten (Lennhoff/Posner 1980: 1068-1070). Daneben stehen die für die freimaurerische Arbeit geschaffenen Werke, die in einem Klavierauszug ‹Kompositionen für Freimaurer von W. A. Mozart› (ebd. 1070) gesammelt wurden. Dazu gehören Kantaten zur Eröffnung und Schließung der Loge, Trauermusiken zum Tod von Freimaurern und eine Reihe von Liedern, die bis heute Hauptbestandteil der liturgischen Musik der Logen sind. So wird am Ende der Loge, wenn die Brüder Hand in Hand einen Kreis bzw. eine Kette bilden, meist das ‹Bundeslied› von Mozart gesungen, das «beliebteste zumeist in der Kette gesungene Lied der deutschen Freimaurer» (ebd. 238).

Die Krönung seines Freimaurerischen Schaffens war die Oper ‹Die Zauberflöte›, «das ‹Hohelied› der Freimaurerei, die der Verherrlichung der freimaurerischen Humanitätsidee … dienen wollte, und in deren Sarastro Mozart dem von ihm tief verehrten Born, dessen Logenvortrag über die ägyptischen Mysterien den Anstoß zur Entstehung dieses Werkes gab, ein Denkmal setzen wollte.» (ebd. 1069).

Das Libretto schrieb der freimaurerische Schauspieler und Gründer des Wiener ‹Theaters an der Wien› *Emanuel Schikaneder* (1751-1812) (ebd. 1742-1743+1391). Die Zauberflöte prägt die Freimaurerei bis heute:

«Mozarts Oper Die Zauberflöte ist in vielerlei Hinsicht der Prototyp maurerischer Zeremoniale:» (Stemper 1987: 418). Jacques Chailley nennt deswegen sein Buch über freimaurerische Opern direkt ‹Die Zauberflöte: maurerische Opern› (Chailley 1971).

Mozart war bei der Einweihung von *Franz Josef Haydn* (1732-1809) in die Loge ‹Zur wahren Eintracht› im Jahr 1785 anwesend. Aus der gemeinsamen Logenmitgliedschaft entstand eine tiefe Freundschaft (Lennhoff/Posner 1980: 678-9).

Die Frage, ob *Ludwig von Beethoven* (1770-1827) Freimaurer war, wird von vielen Biographen bejaht (s. Lennhoff/Posner 1980: 142), ist aber bis heute nicht eindeutig belegt. Hauptzeugnis sind die Lebenserinnerungen von Karl Holz, der mit Beethoven in regem Gedankenaustausch stand.

Franz Liszt (1811-1886) wurde unter der Bürgschaft des Komponisten Wilhelm Speyer in die Frankfurter Loge ‹Zur Einigkeit› aufgenommen und gab auf seinen Konzertreisen viele Konzerte in Logen (Lennhoff/Posner 1980: 940). Ebenso waren seine Zeitgenossen, die Komponisten *Gustav Albert Lortzing* (1801-1851) (Holtorf 1988: 179; Oslo 1988: 405) und *Carl Loewe* (1796-1869) (Holtorf 1988: 179) Freimaurer.

Nikolaus Wassiljewitsch Tschaikowsky (1850-1926), heute meist nur noch als Komponist bekannt, galt ab 1869 als Führer der russischen revolutionären Bewegung. 1873-1905 lebte er im Exil in England und Amerika, kehrte dann nach Rußland zurück, beteiligte sich an der Oktoberrevolution, überwarf sich aber dort mit der bolschewistischen Richtung des Kommunismus und ging 1919 als Exilpolitiker nach Paris. Er schloß sich dort einer angelsächsischen Loge an, wechselte die Loge aber später und stiftete schließlich 1924 eine eigene Loge (Lennhoff/Posner 1980: 1595-1596).

Aus neuerer Zeit wäre als Beispiel der Jazzmusiker, Pianist und Komponist Edward Kennedy Ellington, bekannt als *Ellington Duke* (1899-1974) zu nennen (Oslo 1988: 399).

E. Forscher und Wissenschaftler

Unter den Nobelpreisträgern ist von 24 die Mitgliedschaft in einer Loge bekannt (Baresch 1984). Sie könnten hier also alle vorgestellt werden. Das Feld der Forscher und Wissenschaftler, die Freimaurer waren, ist jedoch sehr groß und so mögen einige wenige Beispiele genügen.

Wilhelm von Humboldt (1767-1835), Begründer der modernen Sprachwissenschaft und zeitweise preußischer Minister, war zusammen mit 43 anderen Professoren Ehrenmitglied der Frankfurter Loge ‹Zur Einigkeit (Demeter 1967).

Sein Bruder *Alexander von Humboldt* (1769-1859), Begründer der physischen Geographie, war ebenfalls Freimaurer (Zeitz 1957: 47). Seine berühmten Forschungsreisen in die Anden wurden von dem Freimaurer und ‹Befreier Südamerikas› Simon Bolivar ermöglicht (s.u. Revolutionäre).

Der Polyhistor und Vorkämpfer für katholische Kultur und Wissenschaft *Josef v. Görres* (1776-1848), Begründer des ‹Rheinischen Merkur›, war Mitglied einer französischen Loge in Koblenz und äußerte schon vor seinem Beitritt in seiner Schrift ‹Religion in der Geschichte› (1807) Interesse für die Freimaurerei (Lennhoff/Posner 1980: 625).

Der Tierforscher *Alfred Edmund Brehm* (1829-1884)

schrieb nicht nur über Tiere und seine Reisen, sondern veröffentlichte als Mitglied der Leipziger Loge auch Vorträge, etwa zur Freimaurerei in Ägypten (Lennhoff/Posner 1980: 220).

Auch der Zoologe *Viktor Carus* (1823-1903), der als erster die Schriften von Charles Darwin in das Deutsche übersetzte, war als Leipziger Professor der vergleichenden Anatomie Mitglied der Leipziger Loge (Holtorf 1988: 172).

Sir Alexander Fleming (1881-1955), der Entdecker des Penicillins, war Meister vom Stuhl mehrerer Logen und nahm führende Positionen in der Vereinigten Großloge von England ein (Holtorf 1988: 174). Der Freimaurer Winston Churchill ermöglichte dem mittellosen Jugendlichen Fleming das Medizinstudium.

Richard E. Byrd (1888-1957), amerikanischer Admiral und berühmter Polarforscher, war Mitglied einer Loge. Byrd

«Gründete 1935 mit 60 Brüdern, die sich unter seinen 82 Expeditionsteilnehmern befanden, in der Antarktis die ‹Antarctic Lodge No. 777›. Mit seinem Piloten Bernt Balchem warf er über beiden Polen Freimaurerflaggen ab.» (Holtorf 1988: 172). Schon der britische Polarforscher *Robert F. Scott* (1868-1912), der das König-Eduard-VII.-Land entdeckte, gehörte einer Loge an (ebd. 180).

F. Herrscher und Staatsoberhäupter

Es wäre ein aussichtsloses Unterfangen, hier alle europäischen Herrscher nennen zu wollen, die der Freimaurerei angehörten. Dies gilt erst recht für die freimaurerischen Mit-

glieder der Herrscher- und Adelshäuser. Die Geschichte der
Freimaurer ist mit ihnen so eng verbunden, daß viele Na-
men im 3. Kapitel genannt werden müssen. Das noch im
Handel erhältliche «Internationale Freimaurerlexikon»
(Lennhoff/Posner 1980) verzeichnet viele einzelne Könige,
Kaiser, Fürsten und Staatsoberhäupter, etwa unter den Stich-
worten ‹Dänemark›, ‹England›, ‹Hannover›, ‹Hohenzollern›,
‹Niederlande›, ‹Österreich›, ‹Polen›, ‹Rußland›, ‹Sachsen›,
‹Schweden› oder ‹Württemberg›, um nur einige Beispiele zu
nennen. Unter dem Stichwort ‹Fürsten› (ebd. 546-550) ver-
weist das Lexikon auf über 30 deutsche Fürstenhäuser und
25 europäische und nichteuropäische Länder, die wenigstens
zweitweise freimaurerische Herrscher hatten. Da in diesem
Lexikon und vielen weiteren Werken die einzelnen Personen
genannt und diskutiert werden, kann man auch nicht behaupten, daß es sich um pauschale Behauptungen handelt.
Es ist unbegreiflich, wie man eine Geschichte Europas ab
1700 bis zum Untergang der Adelshäuser schreiben kann,
ohne die Logenzugehörigkeit vieler Adeliger zu erwähnen,
wobei weniger die Mitgliedschaft als solche von Interesse
ist, als die prägende Kraft der freimaurerischen Ideale auf
die Gesellschaftspolitik und der Umstand, daß die Mitgliedschaft in einer Loge oft über den politischen Aufstieg ent-
schied, und sei es nur, weil Herrscher hier ihre Freunde ken-
nenlernten. Nicht nur herrschende Adelshäuser hatten viele
Freimaurer unter ihren Mitgliedern, sondern auch der niede-
re Adel. So sind etwa für das Haus Rothschild zwei englische und zwei französische führende Freimaurer zu ver-
zeichnen (ebd. 1344).

Dort, wo die Monarchien endeten, endete oft auch die Personalunion des Oberhauptes der christlichen Kirche mit dem
Protektor der Freimaurerei, die so typisch für viele protestan-
tische Länder war (z.B. war der letzte griechische König

Konstantin I. (1868-1823) Freimaurer (Oslo 1988: 404). Das schließt natürlich nicht aus, daß gewählte Staatsoberhäupter und Politiker den Freimaurern angehörten, wofür die USA alleine schon Beweis genug wären. In etlichen Ländern, in denen die Monarchie beibehalten wurde (Großbritannien, Schweden, Dänemark, Norwegen) wurde diese Personalunion jedoch bis in die Gegenwart immer wieder fortgesetzt, zum Beispiel in Schweden. In England ist heute jedoch nicht Elisabeth II., sondern ihr Ehemann *Philipp, Herzog von Edinburgh* (* 1921), als Freimaurer bekannt (Oslo 1988: 407). Allerdings war noch König *Georg VI.* (1895-1952) Oberhaupt der englischen Freimaurer und der anglikanischen Kirche in Personalunion (Holtorf 1988: 176).

Daß der letzte König vor der Französischen Revolution *Ludwig XVI.* von Frankreich (1754-1793) Freimaurer war, ist unbestritten (Lennhoff/Posner 1980: 969). Die auf freimaurerischen Idealen beruhende Revolution beseitigte ihn schließlich. (Dies beweist den ungeheuren politischen Einfluß der Freimaurer, läßt aber eine zielgerichtete Verschwörung der Freimaurer äußerst fragwürdig erscheinen.) Umstritten ist, ob Napoleon Freimaurer war, wie etliche behaupten (Diskussion bei Lennhoff/Posner 1980: 1090-1091). Auf jeden Fall versuchte Napoleon, sich die französische Freimaurerei zu unterwerfen und dienstbar zu machen, und etliche Mitglieder des Hauses Bonaparte waren Mitglieder oder Sympathisanten (Namen ebd. 1092-1093). Ähnlich war Kaiser Napoleon III. kein Freimaurer, nahm aber großen Einfluß auf die Freimaurerei in Frankreich, indem er Großmeister einsetzte (ebd. 1093).

Unter den amerikanischen Präsidenten (mit ihrer offiziellen Numerierung) waren nachweislich Freimaurer: 1. *George Washington* (1732-1799), 5. *James Monroe* (1758-1831), 7. *Andrew Jackson* (1767-1845), 11. *James K. Polk*, 14. *James Buchanan* (1791-1868), 17. *Andrew Johnson* (1808-1875),

20. *James A. Garfield* (1831-1881), 25. *William Mc. Kinley*
(1844-1901), 26. *Theodor Roosevelt* (1858-1918), 27. *William Howard Taft* (1857-1930), 29. *Warren Gamaliel Harding*
(1865-1923) (alles Lennhoff/Posner 1980: 1128), 33. *Harry S. Truman*, 37. *Lyndon Baines Johnson* (1908-1973), 38. *Gerald Rudolph Ford* jr. (* 1913) (Oslo 1988). Die Zahl der Vizepräsidenten der USA, die den Freimaurern angehörten, war
erheblich höher, als die der Präsidenten (Beispiele Lennhoff/Posner 1980: 1128-1129). *Abraham Lincoln* (1809-1865) hatte seine Aufnahme in den Bund bereits eingeleitet,
ließ sie dann aber ruhen. Er wollte wohl bis zum Ende seiner
Amtszeit mit dem endgültigen Beitritt warten, was durch das
erfolgreiche Attentat auf ihn im Jahr 1869 zunichte gemacht
wurde (ebd. 938-939).

G. Militärs

Auf Offiziere haben die verschiedensten Logen vielleicht eine stärkere Anziehung ausgeübt, als auf irgendeine andere Berufsgruppe. Einer der ersten bekannteren Offiziere ist sicher
der britische Admiral und Seeheld *Horatio Viscount Nelson*
(1758-1805). Er war Mitglied einer Yorker Loge (Oslo 1988:
407). Auch hier können nur Beispiele angeführt werden, um
nicht eine Militärgeschichte schreiben zu müssen.

Der Einfluß der Freimaurer im amerikanischen Unabhängigkeitskrieg wird im 3. Kapitel besprochen. Hier interessieren uns die beteiligten Militärs:

«Damals waren 20 von 22 Generälen Washingtons Freimaurer, ebenso 104 von 106 Stabsoffizieren, die 13 Gouverneure der Gründerstaaten und Washingtons ganzes erstes Kabinett.» (Holtorf 1988: 34).

Wegen seiner deutschen Herkunft ist bei uns besonders der

Freimaurer *Friedrich Wilhelm August Freiherr von Steuben* (1730-1794) bekannt (Oslo 1988: 409), der ab 1777 die Revolutionsarmeen organisierte und trainierte.

Namentlich ist auch der General des Sezessionskriegs *Albert Pike* (1809-1891) zu erwähnen, da er das schottische Hochgradsystem mit 33 Graden durch seine Schriften so prägte, daß es heute nach ihm benannt wird (vgl. Pike 1966 und das 3. Kapitel). Er zählt zu den bekanntesten Okkultisten und war Mitglied zahlreicher esoterischer und okkulter Vereinigungen.

Der preußische Generalfeldmarschall *Gebhardt Leberecht von Blücher* (1742-1819), auch ‹Marschall Vorwärts› genannt, führte der Loge nicht nur «seine beiden Söhne und neun seiner Offiziere zu» (Lennhoff/Posner 1980: 189), sondern war von 1802-1806 sogar Meister vom Stuhl in Münster. Zusammen mit seinem Freimaurerbruder, dem britischen Feldmarschall *Arthur Herzog von Wellington* (1769-1852), besiegte er Napoleon in der Schlacht von Waterloo. Damit kämpften jedoch auf allen Seiten freimaurerische Generäle gegeneinander, denn ähnliches gilt für die Marschälle Napoleons, von denen das Internationale Freimaurerlexikon 16 namentlich als Mitglieder einer Loge benennt (Lennhoff/Posner 1980: 1093). Dies zeigt auch wieder die Schwierigkeit, eine einheitliche politische Zielrichtung der Freimaurer anzunehmen, so sehr das Ereignis den Einfluß der Freimaurerei in den höchsten Kreisen belegt.

August Neidhardt Graf Gneisenau (1760-1831), Blüchers Generalstabschef war ebenfalls Freimaurer. Sein Ruhm aus den Befreiungskriegen ließ ihn 1825 zum Generalstabschef von Preußen aufsteigen (ebd. 612).

Gerhard Johann David von Scharnhorst (1755-1813) baute als preußischer General das Heer wieder auf und reformierte es als Chef des Generalstabs. Er war wie sein Kampfgenosse Blücher Freimaurer und gehörte zu einer Loge in

Göttingen, «der neben zahlreichen Offizieren fast alle jungen Dichter des Hainbundes angehörten» (Lennhoff/Posner 1980: 1387).

Auch nach dem 1. Weltkrieg fanden viele Militärs zu den Freimaurern. So gehörte ihnen der Erbauer der Flotte des 2. Deutschen Reiches Großadmiral *Alfred von Tirpitz* (1849-1930) an (Zeitz 1957: 47).

Für die nichtwestliche Welt soll ein Beispiel genügen. Der chinesische General (1887-1975) *Tschiangkaitschek*, der erst die Kaiser von China vertrieb und China eroberte und von 1928-1949 China regierte, dann aber vor Mao nach Taiwan weichen mußte und dort herrschte, war Mitglied einer amerikanischen Loge (Lennhoff/Posner 1980: 1600). Andere Mitstreiter gehörten zur Pekinger Loge.

Daß sich Militärs bis in die Gegenwart massiv für die Freimaurerei einsetzen, zeigt das Beispiel Japans nach dem 2. Weltkrieg, denn der Besieger Japans «*General MacArthur* förderte seit 1946 die Freimaurerei in Japan.» (Algermissen 1986: 347)

H. Politiker

Eine sicher willkürliche Auswahl von weiteren Politikern mag zeigen, daß es sich bei der Logenmitgliedschaft von Staatsoberhäuptern nicht nur um eine bloß formale Angelegenheit handelte, sondern auch hohe Beamte und Politiker, die aktiv die Politik gestalteten, dieselben Ideale verfolgten.

Heinrich Friedrich Karl Freiherr vom und zum Stein (1757-1831) leitete als Freimaurer «aus der Humanitätslehre ein neues Staatsideal» ab (Lennhoff/Posner 1980: 1503), das er durch die berühmten nach ihm benannten Reformen in Preußen verwirklichen wollte. Sein Nachfolger *Karl August Fürst von Hardenberg* (1750-1822) setzte die preußischen

‹Stein-Hardenbergschen Reformen› fort. Er war ebenfalls Freimaurer und schrieb über sie, daß er «namentlich Freimaurer als einen mächtigen Hebel für große Dinge im Inneren und Auswärtigen ansehe, wenn der Staat den Geist derselben und in solcher Tätigkeit zu edlen Zwecken benutzen und unterstützen wollte» (nach Lennhoff/Posner 1980: 671).

Der französische Ministerpräsident und zweitweilige Erste Vorsitzende des Völkerbundrates (Vorgänger des Sicherheitsrates der UNO) *Leon Victor Bourgeois* (1851-1925) gehörte zur Loge ‹Sincerite› in Reims (Holtorf 1988: 171).

Die deutschen Übersetzungen der Werke des englischen Premierministers im 2. Weltkrieg *Sir Winston Churchill* (1874-1965) erschienen zuerst in dem freimaurerischen Amalthea-Verlag, da Churchill Freimaurer war (Lennhoff/Posner 1980: 277, Holtorf 1988: 172-173).

Aus neuerer Zeit ist sicher der durch Militärputsch entmachtete chilenische Staatspräsident und Freimaurer *Gossens Salvadore Allende* (1908-1973) bekannt (Oslo 1988: 394).

An deutschen Politikern dieses Jahrhunderts, deren Logenmitgliedschaft bekannt ist, seien aus der Liste von Oslo 1988 genannt:

Hjalmar Horace Greely Schacht (1877-1970), Reichsbankpräsident der Weimarer Republik und später ‹Bankier Hitlers›;

Gustav Stresemann (1878-1929), Reichskanzler- und außenminister der Weimarer Republik;

Thomas Dehler (1897-1967), FDP-Politiker nach dem Krieg, Justizminister und Vizepräsident des Deutschen Bundestages.

I. Revolutionäre und Freiheitskämpfer

Für die an der Französischen Revolution beteiligten Freimaurer sei stellvertretend der Arzt *Jean-Paul Marat* (1743-1793) genannt (Oslo 1988: 406). Ansonsten wird Frankreich im 3. Kapitel näher behandelt. Weitere Beispiele zeigen, daß Revolutionäre und Begründer neuer Staaten mit Vorliebe Freimaurer waren. Sie entthronten dabei oft freimaurerische Staatsoberhäupter! Kein Wunder, daß für viele Regierungen der Freimaurerbund zuallererst eine revolutionäre und verdächtige Vereinigung war, der sie ironischerweise jedoch allzuoft selbst angehörten.

Der «Nationalheld des südamerikanischen Befreiungskampfes gegen Spanien» (Lennhoff/Posner 1980: 203) General *Simon Bolivar* (1783-1830) wird als Freimaurer bis heute von Freimaurern in Bolivien, Equador und Chile verehrt. Er ermöglichte seinem Freimaurerfreund Alexander von Humboldt (s.d.) dessen berühmte Forschungsreisen in die Anden.

Auch *Jose Maria Marti* (-1895), «Apostel und Märtyrer der kubanischen Unabhängigkeit ... war Freimaurer» (Lennhoff/Posner 1980: 999); ebenso *Bernardo O'Higgins* (1776-1842), der chilenische General, Unabhängigkeitskämpfer und dann von 1817-1823 Diktator Chiles (ebd. 1145).

Giuseppe Garibaldi (1807-1882), unermüdlicher Kämpfer in italienischen Unabhängigkeitskriegen und italienischer Nationalheld, war Großmeister der neuvereinigten freimaurerischen Systeme von Italien und schrieb 1867:

«Die Freimaurer sind ein auserwählter Teil des italienischen Volkes. Sie erheben sich über die Leidenschaften des profanen Alltags, und so werden sie, durchdrungen von der hohen Mission, die die große maurerische Institution in ihre Hände legte, die sittliche Einheit der Nation begründen.» (nach Lennhoff/Posner 1980: 553-555).

Kein Wunder, daß zahlreiche Mitglieder seiner Freischärlertruppen Freimaurer waren (ebd.).

Karl Schurz (1829-1905) war zunächst 1849 Leutnant der badisch-pfälzischen Aufständischen, floh schließlich in die USA und wurde Staatsmann und General in den USA. Er gehörte einer deutschen Loge in den USA an (Lennhoff/Posner 1980: 1422). Der als Freiheitskämpfer 1848 hingerichtete *Robert Blum* (1804-1848) war Mitglied einer Leipziger Loge (Oslo 1988: 396).

Mustafa Kemal Pascha, bekannter unter seinem Ehrennamen *Kemal Atatürk* (1881-1938), war Freimaurer. Er kämpfte als Offizier für die Republik, setzte 1923 den letzten türkischen Sultan ab und rief die Republik aus. ‹Atatürk› bedeutet etwa ‹Vater der Türken› und als solcher wird er in der Türkei bis heute empfunden. (Zur Geschichte der Logen in der Türkei vgl. Lennhoff/Posner 1980: 1603-1607+1499).

Aus Indien ist *Pandit Motilal Nehru* (1861-1931), Mitstreiter und Gegner Gandhis gleichermaßen, zu nennen (Oslo 1988: 407).

Der Mitbegründer der modernen Tschechoslowakei *Eduard Benesch* (1884-1948), gehörte zu einer Prager Loge (Oslo 1988: 395). (Zu Tschaikowsky s.u. Komponisten).

J. USA

In keinem Land ist der Einfluß führender Freimaurer so kontinuierlich und bis heute so ungebrochen, wie in den USA. Daß sowohl das Staatssiegel der USA, als auch die Eindollarnote Freimaurersymbole bis heute in alle Welt tragen, ist allgemein bekannt. (Dies gilt übrigens auch für Briefmarken. Holtorf 1988: Abb. 44 bildet dazu etwa eine brasilianische und eine britische Briefmarke ab. Auf der brasiliani-

schen Briefmarke stehen Zirkel und Winkel über dem ganzen
Erdteil Südamerika, auf der britischen füllen die freimaurerischen Symbole eine Briefmarke mit dem Kopf von König
Georg VI.) Die amerikanische Dollarnote ist übrigens ein gu-
tes Beispiel für die Vermischung von Christentum und Freimaurerei, indem sich neben der Freimaurerpyramide mit Au-
ge und Hinweis auf eine neue Weltordnung auch der Satz «In
God we trust» findet, wobei allerdings offenbleibt, ob damit
nur der christliche Gott gemeint ist.

1731 wurde der spätere Präsident der USA Benjamin
Franklin in eine Loge in Philadelphia aufgenommen. Diese
Loge ging zwar wieder ein, wurde aber von Franklin 1749
wiederbelebt. Daneben bestand schon die 1733 gegründete
erste ‹reguläre›, von London aus gegründete, bedeutende Loge von Boston, die durch die ‹Boston Tea Party›, den Auf-
stand der Amerikaner gegen die britische Besteuerung, berühmt wurde (Lennhoff/Posner 1980: 211). Die Freimaurer
spielten im amerikanischen Unabhängigkeitskampf eine führende Rolle. Die führenden Freiheitskämpfer waren Freimaurer, die ersten Präsidenten wie George Washington, Großmeister der Loge von Alexandria (gegenüber von Washington),
und Benjamin Franklin, ein Großteil der Unterzeichner der
Unabhängigkeitserklärung (31 oder 55 von 56; vgl. Dierickx
1968: 59), darunter der erste Unterzeichner John Hancock
(1737-1793) (Lennhoff/Posner 1980: 665), sowie das gesamte erste Regierungskabinett (Holtorf 1988: 34). Der Einfluß
der Freimaurer auf die Entstehung Amerikas ist ausführlich
erforscht worden und heute unbestritten (Fay 1935; Heaton
1965; Roth 1927; North 1989).

Nun hat es in den USA immer wieder Stimmen gegeben,
die vor allem von einem Einfluß christlichen Gedankenguts
auf die amerikanische Verfassung gesprochen haben. Gary
North hat aber inzwischen äußerst gründlich nachgewiesen,

daß es sicher einen starken Einfluß der aus England auswandernden calvinistischen Puritaner auf die Länderverfassungen der von ihnen gegründeten Länder gegeben hat, daß jedoch die Vereinigung der unterschiedlichen Länder der USA unter einer religionsfreien Verfassung das Werk der Freimaurer gewesen ist (North 1989; vgl. auch North 1986).

Nachdem schon viele Präsidenten der USA Freimaurer waren (s.o.), legte auch George Bush wie George Washington seinen Amtseid als Präsident auf der Bibel der New Yorker St. Johns-Loge ab, die eigens von einer Delegation der Freimaurer herbeigebracht wurde.

Aber es ist nicht nur die hohe Politik gewesen, die berühmte Freimaurer hervorgebracht hat. Auch zum ‹Wilden Westen› gehören die wohlklingenden Namen von Freimaurern:

Sitting Bull, (1837-1890), Häuptling der Sioux-Indianer und Inbegriff des letzten militärischen Widerstandes der Indianer gegen die weißen Eindringlinge (Lennhoff/Posner 1980: 1464);

William Frederick Cody, besser bekannt als *Buffalo Bill* (1846-1917) (Oslo 1988: 397);

Samuel Colt (1814-1862), der Erfinder des ‹Colts› (Oslo 1988: 398) und

Henry Ford (1863-1947), Gründer der Fordwerke und damit Erfinder der Fließbandproduktion für Autos (Oslo 1988: 400).

K. Sonstige

Unter dieser Rubrik sollen noch eine Reihe weiterer Personen genannt werden, die sich nicht in die anderen Rubriken einordnen lassen, weil sie keine öffentlichen Ämter innehatten und einem typischen Beruf nachgingen.

Giovanni Giacomo Casanova (1725-1798), Weltabenteurer und Vorreiter der sexuellen Freizügigkeit, dessen Name bis heute für ‹freie› Liebe steht, brachte seine Ethik in direkte Verbindung mit seiner Zugehörigkeit zu den Freimaurern: Rousas Rushdoony schreibt dazu:

«So konnte sich Casanova (1725-1798) mit seiner Freiheit und seiner Aufgeklärtheit als Freimaurer brüsten und gibt den stolzen Bericht über seinen Inzest mit seiner unehelichen Tochter, wobei er Einwände dagegen als ‹Vorurteile› beschreibt.» (Roushdoony 1979: 67)

Casanova wurde 1755 «‹wegen freimaurerischer Umtriebe und Gotteslästerung›» in Venedig verhaftet, und der Bericht über seine abenteuerliche Flucht von dort (in Wirklichkeit durch Bestechung eines Gefängniswärters) begründete seinen legendären Ruf (Lennhoff/Posner 1980: 259-260). Auch der Weltabenteurer und Schwindler *Comte de Saint-Germain* (1710-1784) gibt an, in die Freimaurerei eingeführt worden zu sein (Oslo 1988: 408).

Weiter gehören die folgenden Berühmtheiten hierher:

Augustus Charles Lindbergh (1902-1974), der 1927 als erster den Atlantik von New York nach Paris überflog (Lennhoff/Posner 1980: 939);

Sir Charles Spencer Chaplin, besser bekannt unter seinem Schauspielernamen Charlie Chaplin (1889 - 1977) (Oslo 1988: 398);

John Herschel Glenn jr. (*1921), der 1962 als erster Mensch die Erde dreimal umkreiste (Oslo 1988: 401); *Edwin Eugene Aldrin jr.* (* 1930), der erste Mensch, der den Mond betrat (ebd. 394);

L. Begründer religiöser Bewegungen

Auffällig ist die große Zahl religiöser Bewegungen, deren Gründer und Förderer gleichzeitig Freimaurer waren. Natürlich kann man die Maurerei nicht für alles verantwortlich machen, was einzelne ihrer Mitglieder getan und gelehrt haben und nicht immer ist eindeutig zu klären, ob ein Freimaurer eine religiöse Gruppe begründete oder ob umgekehrt ein Sektengründer den Freimaurern beitrat. Dennoch dürfte sich bei keiner Gruppe eine solch große Zahl von Mitgliedern ergeben, die die unterschiedlichsten religiösen Strömungen, Gruppen und Organisationen in Gang gesetzt haben.

Der Begründer der Zeugen Jehovas, *Charles Taze Russell* (1852-1916), zunächst politischer Zionist (Brüning 1990: 26-29), hielt die ersten Treffen der Zeugen Jehovas in Räumen der Freimaurer ab. Erich Brüning hat nicht nur die Belege dafür zusammengestellt, daß Russell einer Freimaurerloge angehörte, sondern auch anhand der abgedruckten ‹Tempelansprache› Russells aufgezeigt, daß Russell ganz bewußt Parallelen zwischen dem Aufbau und Anliegen der Zeugen Jehovas und dem der Freimaurer zog. Begriffe und Konzepte wie ‹Menschheitsfamilie›, ‹Tempel› und ‹Pyramide› entlehnte Russell von den Freimaurern. Natürlich wird all dies heute den normalen Mitgliedern verschwiegen, was nur möglich ist, weil die oberste Leitung der Zeugen Jehovas selbst eine Art Geheimgesellschaft ist.

Der Begründer der Mormonen (auch ‹Heilige der letzten Tage›) *Josef Smith* war ebenso Mitglied einer Loge, wie sein Bruder und Mitbegründer *Hyrum Smith* und sein Nachfolger *Brigham Young*, der die Mormonen im langen Treck nach Utah und in die Salzwüste führte (Lennhoff/Posner 1980: 1063-1064). Die zunächst regulären Logen der Mormonen wurden nach längeren Auseinandersetzungen spätestens seit

Einführung der Polygamie von der Großloge von Utah ausgeschlossen. Mormonen konnten nicht mehr Mitglied einer
normalen Loge werden. Die Begründung der Großloge für
diesen Ausschluss zeigt das Ausmaß der Abhängigkeit:

«Die Großloge erklärt, daß deren Kirche sich für die Kulthandlung bei der Aufnahme in die Sekte eine ganze Reihe
freimaurerischer Symbole angeeignet habe, und daß infolgedessen in den Zeremonien im großen Tempel, die in mehreren Graden vor sich gehen, viel aus der freimaurerischen Ritualistik zu finden sei. Die Kleidung, die während des Gottesdienstes angelegt wird, zeigt Zirkel und Winkelmaß. Dazu
tragen Männer und Frauen Schurze. ... Der ‹Griff› der ‹Melchisedek-Priesterschaft› wird ‹nach den fünf Punkten der
Bruderschaft› erteilt. Die Ähnlichkeiten im Gebrauchtum
werden von den Mormonen damit erklärt, daß auch ‹Prophet›
Smith die Wiederrichtung des Salomonischen Tempels beabsichtigt habe.» (Lennhoff/Posner 1980: 1064).

Die Sekte ‹Christliche Wissenschaft› hat zwar sehr enge
Beziehungen zur Freimaurerei, denn «Die Gründerin» *Mary
Baker Eddy* «verdankt den Aufstieg der Bewegung zum Teil
Freimaurern» (Lennhoff/Posner 1980: 275), die enorm auflagenstarke Zeitung ‹Christian Science Monitor› widmet den
Freimaurern ständig eine umfangreiche Rubrik, die wohlwollend über die Freimaurer berichtet, und viele Freimaurer in
den USA hängen der Christlichen Wissenschaft an, doch
dürfte es als erwiesen gelten, daß die Visionärin Baker selbst
keiner Loge angehörte (ebd. 274-275).

Es würde zu weit führen, das Verhältnis der Maurerei zum
1776 gegründeten Illuminatenorden zu diskutieren, das ähnlich schwer zu erfassen ist, wie das zu den Rosenkreuzern, da
sich die Mitgliedschaft in beiden Fällen stark überlappt. Jedenfalls ist auch der Begründer des Illuminatenordens, der
bayrische Juraprofessor *Adam Weishaupt* (1748-1830) eben

so Freimaurer gewesen (Lennhoff/Posner 1980: 1678-1680) wie dessen Antipode innerhalb des Illuminatenordens der Schriftsteller *Adolf Freiherr von Knigge* (1752-1796), der das Buch ‹Über den Umgang mit Menschen›, eben ‹den Knigge› schrieb. Wenn sich Knigge auch vor allem für die Maurerei einsetzte und den Illuminatenorden wegen Weishaupt verließ, ist er es doch gewesen, der dem Illuminatenorden «ein festes Gefüge und geistige Kraft» gab (Lennhoff/Posner 1980: 844). «Knigge war es, der den rationalistischen Charakter, den das Illuminatentum vor seinem Beitritt hatte, mit dem irrationalen Inhalt der Freimaurerei durch deren Aufnahme in den Orden verband, den Typus des ‹Illuminatenfreimaurers› schaffen wollte.» (ebd.)

Friedrich Anton Mesmer (1733-1815), Freund Mozarts und Begründer des ‹Magnetismus› auch ‹Mesmerismus› genannt, war Freimaurer (Lennhoff/Posner 1980: 1027). Eine Zeitlang waren ‹mesmerianische Freimaurerlogen› in Frankreich und anderen Ländern Mode (ebd. 1027-1028).

Samuel Christian Hahnemann (1755-1843), Begründer der Homöopathie, wurde mit 22 Jahren Mitglied der Loge ‹Zu den drei Seeblättern› in Hermannstadt (Oslo 1988: 403; Lennhoff/Posner 1980: 656-657). Seine Heilmethode ist nur aus dem Umfeld der Beschäftigung mit alchemistischen, mystischen und östlichen Heilmethoden heraus zu verstehen.

Nicht nur im christlichen Bereich finden sich Freimaurer unter den Begründern religiöser Bewegungen. So hat etwa eine Islamwissenschaftlerin nachgewiesen, daß die beiden bedeutendsten islamischen Reformtheologen am Übergang zwischen dem 19. und dem 20. Jahrhundert, *Muhammad Abduh* (1849-1905) und sein Schüler *Muhammad Rashid Rida* (1865-1935) Freimaurer waren (Kedourie 1966).

M. Pietisten

In der später nur teilweise überwundenen Phase der Liebes- und Blutsmystik hatten *Nikolaus Graf von Zinzendorf* (1700-1760) und die Herrnhuter Brüdergemeinden Kontakte zu den Freimaurern. Ein Freimaurerlexikon schreibt darüber:

«Diese Organisation, dessen Mitglieder sich auch selbst Die Vereinigung der Herrnhuter Brüdergemeinden des Ordens der religiösen Freimaurer nannten, war eine der ersten Neuerungen, die in die deutsche Freimaurerei eingeführt worden war. Der Orden wurde im Jahre 1739 gegründet. Seine Mysterien waren begründet auf das 4. Kapitel des Markusevangeliums, in welchem Christus das Himmelreich mit einem Senfkorn vergleicht. Die Brüder trugen einen Ring, in den eingraviert war: ‹Keiner von uns lebt sich selbst.› Das erklärte Ziel der Bruderschaft war, vermittels Freimaurerei das Königtum Christi über die Erde auszubreiten.» (Mackey 1966: ct. ‹Mustard Seed, Order of›)

Da Zinzendorf eine Reihe von Orden und Geheimgesellschaften gründete und mystischen Systemen sehr offen gegenüberstand, ist die Offenheit gegenüber den Freimaurern nur ein Element im Baustein seines Denkens und Wirkens.

John Wesley (1703-1791), Begründer der Methodisten, wurde erst «in hohem Alter Mitglied der Union Lodge of St. Patrick Nr. 367 in Downpatrick, Irland» (Lennhoff/Posner 1980: 1697). Was ihn dazu bewogen hat, ist unklar. Möglicherweise ist der in seiner Frühzeit nachweisbare Einfluß katholischer Mystiker hier noch einmal durchgekommen (vgl. Tuttle 1989). Übrigens war sein Neffe *Samuel Wesley* (1766-1837), Komponist und Organist, «Großorganist der Großloge von England» (Lennhoff/Posner 1980: 1698).

Der ‹Wandsbeker Bote› *Matthias Claudius* (1740-1815), bis heute bekannt durch seine Lieder (z.B. ‹der Mond ist aufgegangen›), wurde 1774 in die Hamburger Loge ‹Zu den drei Rosen› aufgenommen. Er «übersetzte eine Reihe bedeutender freimaurerischer Bücher aus dem Französischen und verfaßte mehrere freimaurerische Tafellieder» (Lennhoff/Posner 1980: 279). Der freimaurerische Einfluß macht sich vor allem darin bemerkbar, daß Claudius die Gottesfurcht in anderen Religionen anerkannte, was nicht so ganz zu seinem sonstigen Einsatz für den christlichen Glauben passen will.

Der fast zur gleichen Zeit lebende pietistische Liederdichter (und Professor für Kameralistik) *Johann Heinrich Jung-Stilling* (1740-1817) und Verfasser der von Goethe herausgegebenen Autobiographie ‹Heinrich Stillings Jugend› setzte sich als Freimaurer in ‹Theobald und die Schwärmer› (1784/1785) «warm für die Freimaurerei ein, als Hauptkorrektiv gegenüber den damaligen zahlreichen Absonderungen religiöser Schwärmer und inneres Ziel für den religiös rastlos Strebenden» (Lennhoff/Posner 1980: 804).

Der schottische Theologieprofessor und erste Moderator der Synode der 1843 durch Abspaltung von der Church of Scotland entstandenen Free Church of Scotland *Thomas Chalmers* (1780-1847) war der wichtigste der Begründer der Evangelischen Allianz. Er gehörte nach Auskunft der Großloge von Schottland seit 1800 zur Freimaurerloge ‹No. 101› in Forfarshire.

Die erste internationale Konferenz und damit Gründungsversammlung der Evangelischen Allianz fand im größten Freimaurertempel von London statt. Beleg dafür ist der Berichtsband selbst («Evangelical Alliance: Report of the proceedings of the conference, held at Fremasons Hall. London from Aug. 19th to Sept. 2nd inclus. 1846», London, 1847). Die Sitzungen der Londoner Allianz fanden lange Zeit in derselben Loge statt. Diese Fakten sind übrigens kein geheimes Wissen, das man mühsam erforschen müßte. In seiner fast offiziellen, sehr wohl-

wollenden Geschichte der Evangelischen Allianz erwähnt
Erich Beyreuther zum Beispiel sogar, daß zur Britischen Allianz zahlreiche Freimaurer gehörten (Beyreuther 1969), was ich
bisher noch nicht im einzelnen belegen konnte, was aber bereits
damals zu heftigem Streit führte.

Es ist in diesem Zusammenhang darauf hinzuweisen, daß
der Schirmherr der ersten großen Allianzkonferenz in
Deutschland 1857, der preußische König Friedrich Wilhelm
IV., einer der wenigen preußischen Könige war, der keiner
Loge angehörte. Sein Vater *Friedrich Wilhelm III.* war Freimaurer, was unter anderem darin zum Ausdruck kam, daß er
die Union der lutherischen und reformierten Kirchen durch-
setzte, da er «von dogmatischen Fragen gar nichts hielt» (Kupisch 1986: 21). Zu seinem Sohn, der ein romantisches Christentum verfocht, paßte die Einheit der Allianz eher als die
erzwungene Einheit der Kirche. Friedrich Wilhelm IV. ge-
nehmigte allerdings auf Drängen seines Vaters die Aufnahme
seines Bruders, des späteren Kaiser Wilhelm I., in die Loge
im Jahr 1840 (Lennhoff/Posner 1980: 708), der sich sehr für
die Freimaurer einsetzte.

Der bekannte südamerikanische Erweckungsprediger *Andrew Murray* (1828-1917), Wegbereiter neuer Missionen und
Kirchen in aller Welt, soll nach einer freimaurerischen Brief-
markensammlung in London, die sich auf die Großloge von
Transvaal beruft, Freimaurer gewesen sein (Fray 1986).

Auch der Begründer des weltweiten CVJM, sicher bekannter als Begründer des Roten Kreuzes, Vater der Genfer
Konvention über die ‹humane› Kriegsführung und Empfän-
ger des Friedensnobelpreises, der Schweizer *Henri Dunant*
(1828-1910), war aktiver Freimaurer (Holtorf 1988: 174).

Mancher mag es als Sakrileg empfinden, hier führende
Pietisten zu nennen. Wer jedoch einmal eine der Standardge-
schichten des Pietismus zur Hand nimmt, die historisch zu-

verlässig und wohlwollend über die pietistischen Führer be-
richten (etwa Beyreuther 1978 oder Wallmann 1990), wird
sehr schnell feststellen, daß gerade der Pietismus für mystische, kabbalistische und esoterische Konzepte empfänglich
war. Hans-Jürgen Ruppert hat in seinem Buch «Okkultismus» (in dem er leider die ‹Verteufelung des Okkultismus›
kritisiert!, Ruppert 1990: 24-28), Quellenbeispiele für okkul-
te Betätigungen führender Pietisten zusammengestellt (ebd.
201-288). Die Mitgliedschaft in Logen steht hier neben dem
Empfang von Visionen aus der jenseitigen Welt, Teilnahme
an alchemistischen Übungen und manchem geheimen Wissen. Es ist dabei klar, daß es hier nicht um eine Beurteilung
des Pietismus an sich oder gar aller Pietisten geht.

N. Kirchliche Würdenträger

Im Jahr 1930 waren die anglikanischen Bischöfe «von
Bradford, Bristol, Buckingham, Kalkutta, Coventry, Derby,
Durham, Liverpool, Perth (Erzbischof), Rochester, Willes-
den, Worcester» Großkapläne der Großloge von England
(Lennhoff/Posner 1980: 186). Die Zahl der anglikanischen
und katholischen Bischöfe und höherer kirchlicher Würdenträger ist unübersehbar (z.B. Liste ebd.), und die Kette reißt
bis heute nicht ab (vgl. auch die Einleitung zum 4. Kapitel).

Auch unter den Ministern, die für kirchliche Fragen zu-
ständig waren und unter anderen kirchlichen Verwaltungs-
oberen gab es Freimaurer.

Johann Christoph von Wöllner (1732-1800) wurde unter
Friedrich Wilhelm II. preußischer Staatsminister und Chef
des ‹Departements der geistlichen Angelegenheiten›, be-
kämpfte (ironischerweise) als Freimaurer und Rosenkreuzer
das von Friedrich dem Großen herkommende aufklärerische

Gedankengut und den Illuminatenorden, da dieser ebenfalls unter Freimaurern warb.

«Was Wöllner und seine Umgebung anstrebten, gelang ihnen vollkommen. Finanzen, Justiz, geistliche und Schulangelegenheiten, Handelsgesetzgebung und auch auswärtige Politik kamen in ihre Hände. Die oberste Schulaufsicht wurde geradezu als Ordensangelegenheit der Rosenkreuzer betrachtet.» (Lennhoff/Posner 1980: 1720).

Johann August Freiherr von Starck (1741-1816), protestantischer Theologe, Orientalist und Freimaurer war nach einer Reihe von kirchlichen Ämtern in verschiedenen Fürstentümern schließlich lange Oberhofprediger und Präsident des Evangelischen Konsistoriums in Darmstadt und das, «obgleich er zwischendurch in Paris heimlich zum katholischen Glauben übergetreten sein soll» (Lennhoff/Posner 1980: 1501).

III. Die Vorgeschichte der Freimaurerei bis 1717

Ein Freimaurer schreibt über die Geschichte seines Bundes:
«Wer dreist behaupten wollte, er sei in der Lage, die Frage des Ursprunges der Freimaurerei zu lösen, der weiß entweder gar nichts, nicht einmal, daß er unwissend ist, oder er ist ein Charlatan» (zitiert bei Kuntzemüller 1981: 50).

Viele Darstellungen der Freimaurerei beschränken sich deswegen auf die Zeit nach 1717 und machen für die Zeit davor gar keine Angaben, oder sie stellen ganz einfach fest:

«Die Geschichte der Freimaurerei ist in Legende und Doppeldeutigkeit eingehüllt.» (Stemper 1987: 417).

Hinsichtlich der Frage nach den Ursprüngen der Freimaurerei stellt der Freimaurer Jan K. Lagutt fest, daß es zwei verschiedene Auffassungen über die Wurzeln der Freimaurerei gibt, nämlich die «historisch-rationale» und die «legendär-mythische» (Lagutt 1968: 65). Im folgenden sollen beide vorgestellt werden.

A. Bauhütten und Steinmetzlogen – der Ursprung der Freimaurerei?

Wer eine historische Ableitung der Freimaurerei versucht, muß immer zunächst auf die englischen Bauhütten und die deutschen Werkzünfte des Mittelalters zurückgehen.

In Deutschland waren es im Mittelalter vor allem Mönche, die sich bei der Erbauung ihrer Klöster und Klosterkirchen zu Baubruderschaften zusammentaten, wie zum Beispiel der Benediktinerorden. Mitte des 16. Jahrhunderts wurden diese Bauhütten zu weltlichen Einrichtungen. Bereits im Mittelalter wurden auch Nicht-Maurer in Gilden aufgenommen.

In England bestanden schon im 14. Jahrhundert Steinmetzgilden. So ist z. B. in Lincoln im Jahr 1380 eine ‹Gild of Masons› bekannt (Lennhoff 1980: 421). Einige Freimaurer sehen in der Gildenvereinigung «vor allem» einen religiösen Zweck (ebd.), was allerdings zweifelhaft ist.

Der Begriff ‹Lodge› (‹Loge›) taucht bereits in einer Urkunde von 1278 auf. Aus dem Jahr 1352 ist ein Bauvertrag von York bekannt, der den Steinmetzen die Einhaltung ihrer ‹alten Gebräuche› zusagt (ebd. 420). Es sind darüber hinaus alte Bauhüttenordnungen aus Schottland bekannt.

Im Jahr 1356 entstand in London die ‹Mason Company› als Maurerzunft. Diese Gründung einer Handwerkerzunft führte zur Trennung von Maurern (masons) und Steinmetzen (freemasons) in der Bauhütte (Oslo 1988: 52). Am 9.8. 1376 taucht in der Londoner Urkunde ‹Letter-book H› die Bezeichnung ‹freemason› auf (ebd. 54). Etwa von 1390 stammt die älteste Zunfturkunde, das Regius-Gedicht. Es spricht allerdings von reinen Zunftlogen, nicht aber von einer Freimaurerloge. Es ist das erste Manuskript, das von der Arbeit und den ethisch-moralischen Symbolen der Steinmetze (masons) spricht. Stemper glaubt, daß schon hier das Prinzip der Geheimhaltung bautechnischen Wissens vorhanden war (Stemper 1987: 417).

Von etwa 1410 (evtl. auch 1430 oder 1450) stammt die zweitälteste der bisher bekannten Handschriften der mittelalterlichen englischen Bauleute. Es handelt sich um das Cooke-Manuskript. Hier taucht das Wort ‹mason› für die Bauleute auf, nicht jedoch der Begriff ‹freemason› (Lennhoff 1980: 302). Dieses Pergament, das heute im Britischen Museum liegt, wurde 1861 zum ersten Mal veröffentlicht und enthält

eine Art Zunftsage und Anleitung zur Erfüllung der Zunft-
pflichten und sittlich-religiösem Verhalten in einem angefüg-
ten Heft mit dem Titel ‹Book of Charges›. Das ‹Internationale Freimaurerlexikon› hält diesen Anhang für älter als das
Regius-Manuskript (Lennhoff 1980: 302). Die Freimaurerei
wird hier als älteste Kunst dargestellt, die auf Lamechs Sohn
(also auf die Zeit 7 Generationen nach Abraham) zurückgeht.

Aus dem Jahr 1459 sind die Brüderordnungen der Steinmetze von Straßburg als die ‹Ordnungen der Steinmetzen zu
Straßburg› bekannt. Die deutschen Bauhütten gingen aus den
Klosterhütten hervor. Die am Bau beteiligten Steinmetzen
bildeten eine Bruderschaft, die in der Bauhütte zusammen-
kam. Diese Bauhütten gaben sich selbst eine Ordnung auf religiöser Grundlage, und bald traten einzelne Bauhütten miteinander in Verbindung.

Auf das Jahr 1598 fällt das älteste erhaltene Logenprotokoll:
Es ist die ‹Bauhüttenordnung für die Steinmetze in Schottland
von ‹Lord Warden General of the Masons›, William Shaw. Darin sollen schon religiöse Elemente erkennbar sein (so Zeitz
1957: 4). Aus dem Jahr 1563 ist eine weitere Straßburger Stein-
metzordnung bekannt, die ebenfalls ethische und religiöse Mo-
mente anspricht. Es werden bereits bestimmte Erkennungszeichen und Symbole genannt (Lennhoff 1980: 127-134). Aus
dem Jahr 1600 besitzen wir einen Bericht über die Aufnahme
eines Nichtzünftlers in einen Steinmetzbund aus der Edinburg-
her Loge Mary's Chapel. Es handelt sich um Boswell of Auchinleck in Edinburgh (ebd. 422).

Für das 17. Jahrhundert gilt: Auch angenommene Maurer,
die nicht Steinmetze waren, wurden in die Logen aufgenommen, und zwar in Schottland und in England gleichermaßen.
Es geht dabei vor allem um Geistliche oder Söhne von Zunft-
mitgliedern. Sie werden in London als ‹accepted› (angenommen) bezeichnet.

Aus dem Jahr 1641 wissen wir, daß der Generalquartiermeister der schottischen Armee Robert Moray im Lager von Newcastle in eine Werkloge aufgenommen wurde. 1646 berichtet Elias Ashmole, einer der bekanntesten englischen Gelehrten seiner Zeit in seinem Tagebuch, daß er am 16.10. 1646 in der Loge in Warrington in Lancashire als ‹Freemason› aufgenommen worden sei. Ashmole ist wohl der älteste und berühmteste ‹speculative mason› oder Symbolmaurer (ebd. 95). Aus den Jahren 1686 und 1688 haben wir weitere Zeugnisse von dem Begriff ‹freemason›, und 1693 trat König Wilhelm III von England in eine Loge ein. Von diesem Zeitpunkt an soll für die Logentätigkeit der Ausdruck ‹Königliche Kunst› aufgekommen sein.

1709 werden in der Londer Zeitschrift «The Tatler» zum erstenmal die Freimaurer als Geheimbund bezeichnet.

Zusammenfassend kann man feststellen:

«Die Anfänge der Freimaurerei des 18. Jahrhunderts liegen unbeschadet aller legendären Herleitungen in den Gilden der Steinmetzen und Kirchenbaufachleute des Mittelalters» (Agethen 1984: 55).

Und für Deutschland gilt:

«Im Mittelalter bezeichnete man als Freimaurer den nicht an den örtl. Zunftzwang der Maurer gebundenen, sondern als Mitglied einer großen kirch. Bruderschaft frei v. Ort zu Ort ziehenden fachmänn. Kirchenbauer (Steinmetz, Bildhauer, Architekt)» (Algermissen 1986: 543)).

B. Der Begriff ‹freemason› (Freimaurer)

Die Frage, woher der Begriff ‹freemason› kommt, ist umstritten. Während die einen der Meinung sind, daß der ‹freemason› im Mittelalter den ‹freestone›, nämlich den freistehenden Stein (oder aber nach Dierickx 1968: 22 den weicheren, feineren Sandstein, den Tuff oder Muschelkalkstein) bearbeitete und damit im Gegensatz zum ‹roughstone mason› stand, der den härteren Stein, den Granit oder Basalt bearbeitete (so z.B. Reinalter 1989: 10), haben andere Autoren diese Herleitung völlig verworfen und betont, daß der ‹freemason› von einem Gesetz, einem Zunftzwang oder einer allgemeinen Verpflichtung befreit, also ein selbständiger Künstler war (Lennhoff 1980: 522):

«Die Behauptung, der Freemason habe den Freestone behauen, während sich der rough Mason mit dem gewöhnlichen Baustein begnügen mußte, ist als erledigt anzusehen» (ebd. 521)

Dierickx faßt deswegen zutreffend zusammen, wenn er schreibt:

«Aus all diesen Überlegungen ersehen wir, daß der Ursprung des Wortes Freimaurer nicht unumstritten feststeht, daß er möglicherweise etwas zu tun hat mit anspruchsvollerem Handwerk oder auch mit besonderen Freiheiten, die diese Gilde der Freimaurer besaß» (Dierickx 1968: 23).

Der Begriff ‹lodge› soll angeblich erstmals 1278 zur Bezeichnung eines Holzgebäudes verwendet worden sein, das den Bauhandwerkern als Werkstatt und Aufenthaltsort diente. Dierickx berichtet – allerdings ohne Quellenangabe –, daß im Zusammenhang mit dem Bau der Kathedrale von Canterbury im Jahre 1429 von den «masons of the lodge» gesprochen wurde (Dierickx 1968: 21-22). Später soll mit ‹lodge› auch die Organisation der Maurer bezeichnet worden sein (Reinalter 1989: 10).

Es gibt über die Frage nach den Wurzeln der Freimaurerei noch verschiedene andere Modelle, die nicht alle genannt werden können. Der berühmte Freimaurer Gotthold Ephraim Lessing argumentierte zum Beispiel soziologisch und soll ge-

sagt haben: «Die Freimaurerei war immer». Er hielt sie für so
alt wie die bürgerliche Gesellschaft, ja hielt es sogar für möglich, daß die bürgerliche Gesellschaft nur ein Sproß der Freimaurerei sei. In jedem Falle trat die bürgerliche Gesellschaft
seiner Meinung nach nur dort auf, wo es auch die Freimaurerei gab (nach Demeter 1967: 17).

Algermissen spannt den Bogen von den Werkbünden des
Mittelalters, die seiner Meinung nach bereits geheimnisumwo-
bene Symbole benutzten, über die ‹Geselligkeitsclubs› der Renaissance und Reformationszeit zu Versammlungen in Gast-
stätten (Logen), die in England vor 1700 «mit der rationalistischen Aufklärung und dem Deismus das Bestreben (hatten) …,
eine allumfassende Menschheitsreligion und Menschenver-
brüderung zu schaffen» (Algermissen 1986: 543).

Es hat darüber hinaus Versuche gegeben, die Vorgeschich-
te der Freimaurerei aus ihren eigenen Quellen zu erforschen.
So hat etwa Manfred Agethen für seine Dissertation über die
Illuminaten und Freimaurer versucht, die Archive der führen-
den deutschen Großlogen zu benutzen, erhielt aber keinen
Zugang (Agethen 1984: 40-41).

Trotz aller Herleitungen der Wurzeln der Freimaurerei aus
den mittelalterlichen Bauhütten der Steinmetze und Baufach-
leute ist bis heute unklar geblieben, wie es zu der religiös-
kultischen Freimaurerei, also von einem Werkbund von ‹ope-
rative freemasons› zu einer humanitär geprägten Vereinigung, den ‹speculative masons› ab 1717 gekommen ist. Es
hat zwar veschiedene Erklärungsversuche gegeben (vgl. etwa
Dierickx 1968: 29-30), doch sind es nicht mehr als Vermutungen und mehr oder weniger gewagte Spekulationen. In
dieses Dunkel bringen auch die Darstellungen der Freimaurer
selbst kein Licht. Selbst Allan Oslo, der viele spekulative
Herleitungen vornimmt, gibt in seiner umfassenden, esoterischen Studie über die Weitergabe des freimaurerischen Wis-

sens durch die Jahrhunderte indirekt zu, daß er für den Übergang von den mittelalterlichen Werkhütten zur neuzeitlichen
Freimaurerei kein Erklärungsmodell hat (bes. Oslo 1988: 7).

Auch wenn man aus den spätmittelalterlichen und frühneu-
zeitlichen Zeugnissen zwar noch herauslesen kann, daß auch in
den Baugilden oder der Fortsetzung davon Nicht-Bauleute aufgenommen wurden, so ist doch völlig unklar, seit wann es Logen mit rein symbolischen Aufgaben gibt, deren Bestreben sich
nicht mehr auf die Errichtung realer Bauten, sondern auf die
Umgestaltung der Gesellschaft nach humanistischen Maßstä-
ben richtet. Selbst gründliche Recherchen, wie die genannte
von Manfred Agethen (Agethen 1984), haben auf diese Frage
bisher keine historisch zuverlässige Antwort geben können.
Auch von seiten der Freimaurer selbst wird betont, daß der Hin-
tergrund der deutschen Bauhütten und der englischen Werk-
maurerbünde «nur … Hüllen, aber keinesfalls … geistige
Quellen …» sind; und weiter:

«Heute darf es als geschichtlich feststehend angesehen werden, daß die werkmaurerischen Bauhütten oder Baubrüder-
schaften für die Entwicklungsgeschichte der Freimaurerei nur
insoweit in Betracht kommen, als die Freimaurerbrüder sich
vorübergehend mit ihnen verbanden ….auch manches von ihren Gebrauchthümern und Einrichtungen annahmen. Im Ueb-
rigen hat die Geschichte der Werkmaurerei für die Freimaurerei gar kein Interesse.» (Kuntzemüller 1981: 50)

C. Esoterische Ursprungstheorien der Freimaurerei

Abgesehen von den historischen Erklärungsversuchen zu
den Ursprüngen der Freimaurerei kann man wohl mindestens
von weiteren 30-40 esoterischen Ursprungsmodellen ausge-

hen, die aber nicht als historisch zuverlässig gelten können. Es seien nur kurz einige Beispiele genannt:

Allan Oslo (Oslo 1988) verfolgt zum Beispiel die Wurzeln der Freimaurerei über die mittelalterlichen Bauhütten ins Klosterwesen zurück, da für ihn die Klöster die Hüter des Wissens waren, das durch die Jahrhunderte weitergegeben wurde und die Gilden und Zünfte insofern im Klosterwesen wurzeln, als die Bauhütten ursprünglich zu den Klöstern gehörten. Später sonderten sich die Gilden ab und wurden selbständig. Oslo glaubt also, die Weitergabe ‹des Wissens› von der Antike in die Klöster (die Benediktiner besaßen Bauhütten) über die christlichen Ritterorden bis zu den Rosenkreuzern verfolgen zu können. Auch die Ägypter, Sumerer, Akkader, das ägyptische Mönchtum und die Gallier nennt er als Wissensträger.

William Hutchinson stellte Ende des 18. Jahrhunderts die These auf: Die freimaurerischen Symbole kommen von den Essäern und dem Druidentum und wurden aus vorsintflutlicher Zeit an die Ägypter, die Chaldäer und dann an die Israeliten weitergegeben (Hutchinson 1775; vgl. McCormick 1984).

Im Dritten Reich wurde das Judentum als die eigentliche Wurzel des Freimaurertums betrachtet. Für Schwarz galt «die freimaurerische Vorstellungswelt» als «Spiegelbild jüdisch-vorderasiatischer Gedanken und Vorstellungen» (Schwarz 1942), und ein ehemaliger Freimaurer schreibt nach seiner «Bekehrung» zum Nationalsozialismus über die «arge Verjudung des Geistes und der Mitgliedschaft des Weltbundes» (Lerich 1937).

Ein weiteres Erklärungsmodell bietet Casavis, wenn er die Freimaurerei auf griechische Wurzeln in den verschiedenen Mysterienkulten zurückführt (Casavis 1956).

Die ältesten Erklärungen finden sich in alten Freimaurerchroniken. Die älteste Freimaurerchronik Englands ist wohl

die sogenannte Halliwell-Handschrift (auch Regiusmanu-
skript genannt) aus der Zeit um 1390. Diese «Chronik» wurde vermutlich im Westen Englands in 74 Knittelversen in
mittelenglischer Sprache verfaßt. Ihr Original ist nicht mehr
vorhanden; es handelt sich bei dem vorhandenen Exemplar
um eine Abschrift. Die Chronik erläutert die Geschichte der
Freimaurerei so:

«Edle Herren und Frauen sind um die Zukunft ihrer Kin-
der besorgt und lassen daher Gelehrte aus allen Ländern der
Erde kommen, um sie zu unterrichten. Darunter ist auch Euklid, der den Kindern die Grundregeln der Geometrie bei-
bringt und ihnen Bauhüttensatzungen gibt … « (Lenn-
hoff/Posner 1980: 31).

Die Kunst gelangte dann angeblich nach England zu König Athelstan, der dann ein Grundgesetz der Freimaurerei erließ. Damit ist also wieder ein Modell für den Beginn der
Freimaurerei genannt, das historisch nicht zuverlässig ist.

Von diesen Ursprungstheorien ließen sich noch viele nennen, denn mit einem esoterischen Ansatzpunkt ohne histori-
sches Fundament lassen sich immer neue Modelle hinzufügen. Zudem wurde im 18. Jahrhundert viel Geschichtsfäl-
schung betrieben, die die Historie völlig verzerrt darstellte,
wie der Artikel «Geschichtsschreibung der Freimaurerei» im
Internationalen Freimaurerlexikon nachweist (Lennhoff/Pos-
ner 1980: 595-585).

Zusammenfassend kann man folgende wesentlichen Geschichtstheorien über die Herkunft der Freimaurerei nennen:

1. Die Überlieferung aus den Bauhütten (das historische
Modell)

2. Die Akademien (die Freimaurerei wäre dann eine «in
das Werkkleid der Steinmetzen gehüllte ethisch-philosophi-
sche Gesellschaft von Anbeginn an … , die in den letzten
Jahren vor ihrer Großlogengründung besonders vom humani-

stischen Geiste des Comenius befruchtet wurde» (Lennhoff/Posner 1980: 599 im Artikel «Geschichtstheorien» ebd. 598-601).

3. Die Deisten (der Deismus schuf sich in der Freimaurerei ein Artikulationsorgan)

4. Die Rosenkreuzer

5. Die Kabbala (Die Freimaurerei hat sich aus den kabbalistischen Lehren der Renaissance entwickelt)

6. Die Ritterlegende (Die Freimaurerei entwickelte sich aus den templerischen Ritterorden des Mittelalters)

7. Die Mysterienbünde (Die Freimaurerei wird mit den Essäern, den Assyrern, den Chaldäern, dem Mithraskult, den Priesterbünden der Ägypter, den Stonehengepriestern, den Druiden, den Mayas oder anderen Kulten verknüpft)

8. Die deutsche Entstehung (Die Freimaurerei ist mit ihrer Symbolik aus den Steinmetzbünden entstanden).

Es kann lediglich das erste Modell der Bauhüttenüberlieferung als historisch fundiert gelten.

Wenn man diese verschiedenen Theorien auch als mythisch bezeichnen muß, darf das natürlich nicht darüber hinwegtäuschen, daß die Freimaurerei oder einzelne Zweige und Strömungen der Freimaurerei Parallelen zu vielen der genannten Bewegungen, Gruppen und Religionen aufweist. So ist die Freimaurerei sicher ein gnostisches System, und als solches sind andere gnostische Systeme in gewissem Sinne auch ihre Vorläufer. Das Mysterium der Freimaurerei hat manche Gemeinsamkeiten mit Mysterienreligionen, und die Freimaurerei hat Symbole und Mythen von zahllosen Gruppen entlehnt.

Die wohl umfangreichste Darstellung zur Verbindung zwischen den verschiedensten gnostischen, theosophischen, kabbalistischen, alchemistischen, okkulten und rosenkreuzerischen Systemen zu den verschiedensten Freimaurerrichtungen, insbesondere der Hochgrade, hat Karl Frick in seinen drei umfangreichen Bänden «Die Erleuchteten» (Frick 1973) und «Licht und Finsternis» (1: Frick 1975; 2; Frick 1978) geboten. Wenn es sicher auch manche historische Rückfrage an sein Werk gibt, hat er doch deutlich gemacht, daß die verschiedenen Richtungen von Mystik, Magie, Esoterik, Gnosis, Okkultismus und Hochgradfreimaurerei sich zwar immer nur in konkreten, sich widersprechenden Organisationsformen und Lehren manifestierten, aber doch einen breiten, gemeinsamen Strom gnostischer Richtungen in den antiken Religionen bis heute bilden, in denen das Heil durch Erkenntnis und Einweihung geschaffen wird.

D. Der Streit um die älteste Loge

Neben der 1717 in England gegründeten Großloge entwickkelte sich dort auch noch eine andere Freimaurerei, die für sich in Anspruch nahm, die älteste Freimaurerei zu sein und sich daher als Altmaurer (Ancients, Antients) bezeichnete. Die Großloge von England wurde von den Ancients dagegen als Neumaurer (Moderns) bezeichnet. Über diese Auseinandersetzungen gibt es keine historisch zuverlässigen Berichte. Georg Kloss war 1848 der erste, der sich mit der Geschichte der Freimaurerei in Deutschland wissenschaftlich beschäftigte. Er hat etwa ein Drittel seines Buches den ‹Ancients› gewidmet (Kloss 1971: 323-485) und muß doch letztlich die Frage offenlassen, welche Richtung die ältesten Logen beheimatet.

Nach Sir Alfred Robbins (Robbins 1930) waren die Gründe für die Entzweiung Zwistigkeiten und Unzufriedenheit einiger Maurer, die aufgrund dessen aus der Großloge von England austraten, sich selbständig zusammenschlossen und später eine eigene Großloge bildeten.

Andere Autoren haben die Ansicht verfochten, es gehe hierbei um eine Art ‹Abfall› oder um ein ‹Schisma›. Es darf in dieser Frage lediglich als gesichert gelten, daß sich bei der Gründung der Londoner Großloge 1717 einige Logen abseits hielten, sich nicht mitanschlossen und auch später aus der Großloge von 1717 ausgeschiedene Brüder zu den ‹Ancients› überwechselten.

Auf jeden Fall sind sechs Logen der ‹Ancients› ab 1751 nachweisbar (Lennhoff/Posner 1980: 64), die sich 1751 in der Taverne ‹Zum Türkenkopf› in der Greek Street zu einer Großloge zusammenschlossen. Diese Großloge hatte zunächst keinen Großmeister, konnte später jedoch immer wieder Mitglieder des Adelsstandes für diesen Posten gewinnen; ein Umstand, der ihren etablierten Status verrät.

Erwähnt werden sollte in diesem Zusammenhang auf jeden Fall der irische Altmaurer Lawrence Dermott, der mit seinem Buch ‹Ahiman Rezon, or Help to a Brother›, das in London 1756 erstmals gedruckte ‹Grundgesetz› dieser Großloge schuf (ebd. 29-33); also ein ‹Konstitutionsbuch der Antients›.

Auch Irland nahm für sich in Anspruch, die älteste Großloge zu haben, allerdings liegt ihre Vorgeschichte ebenso im Dunkeln wie bei den englischen Freimaurern. Feststeht, daß es 1688 bereits Freimaurer in Dublin gegeben hat. Aber vor 1760 fehlen alle Aufzeichnungen und vor 1780 alle Protokollbücher. Sicher ist daher nur, daß am 26.6. 1725 eine Großloge ein feierliches Treffen veranstaltete, und so gilt bis heute 1725 als Gründungsjahr der Großloge von Irland (ebd. 751-755).

Eine ähnliche Situation war in Schottland gegeben: Dort trat zwar erst 1736 eine Großloge zusammen, es darf aber als gesichert gelten, daß es in Schottland schon zuvor Freimaurer gegeben hat. 1721 gab es dort weit mehr Logen als in

England, allerdings als Werklogen von Bauhandwerkern. Das älteste erhaltene Logenprotokoll der Edinburger Loge ‹Nr. 1 Mary's Chapel› stammt von 31.7.1599. Sie ist damit die älteste Loge der Welt. Am 8.1.1600 wurde John Boswell of Auchinleck als ‹Non-Operative› mason aufgenommen. Die erste Großloge begann sich in Schottland jedoch erst 1736 zu formieren (ebd. 1411-1415).

E. Die Gründung der Großloge von England 1717

Ab dem Jahr 1717 kann die Geschichte der Freimaurerei als historisch gesichert gelten. Das Jahr 1717 wird heute als offizieller Beginn der Freimaurerei betrachtet.

Man kann mit Sicherheit davon ausgehen, daß es in England vor 1717 mehrere freimaurerische Logen gegeben hat, von denen sich am 24.6. 1717 vier zu einer Großloge zusammenschlossen. Der Johannestag wurde gewählt, weil Johannes der Täufer Patron der mittelalterlichen Werkbruderschaften war. Die vier Logen kamen aus London und Westminster aus den vier Wirtshäusern ‹Zur Gans und zum Bratrost›, ‹Zur Krone›, ‹Zum Apfelbaum› und ‹Zum Römer und Zur Traube›. Anthony Sayers wurde zum ersten Großmeister gewählt. Die historischen Wurzeln dieser vier Logen sind jedoch unbekannt, und ihre Geschichte läßt sich nicht in die Zeit vor 1717 zurückverfolgen. Eine der vier Logen nimmt für sich in Anspruch, die älteste der vier zu sein, die ‹Antiquity Lodge Nr. 2›, die ursprünglich nach der Taverne der Großlogengründung geheißen haben soll, nämlich ‹Goose and Gridiron› (‹Zur Gans und zum Bratrost›). Diese Loge wurde bis zur Vereinigung von ‹Antients› und ‹Moderns› 1813 immer als die Nr. 1, d.h., die älteste Loge geführt.

Dierickx nimmt an, daß sich bis zu diesem Zeitpunkt nur eine der Logen mit der spekulativen Freimaurerei beschäftigt hatte, die anderen drei jedoch noch überwiegend aus Maurern und Steinmetzen bestanden (Dierickx 1968: 31). Auch dafür fehlen alle historischen Beweise.

Warum diese Gründung gerade 1717 erfolgte, kann aufgrund der fehlenden Vorgeschichte letztendlich nicht geklärt werden. Dierickx versucht eine Erklärung, indem er auf das in Mode gekommene Clubleben des 17. Jahrhunderts hinweist und auf den Wunsch der Gilden und Zünfte, sich wohltätig zu betätigen. Als Hauptgrund nennt er die Vermutung, daß die in London ansässigen und zahlenmäßig ständig im Steigen begriffenen Logen um die Bewahrung der ‹Alten Pflichten› besorgt waren, eine Erklärung, die allerdings eine Vermutung bleiben muß (ebd. 31).

F. Die ‹Constitutions› von 1717

Als sich diese Großloge formierte, gab sie sich auch eine Art ‹Grundgesetz›, die ‹Alten Pflichten›. Unter den sogenannten ‹Alten Pflichten› (‹Old Charges›), dem «Grundgesetz der Freimaurerei» (Lennhoff/Posner 1980: 13), versteht man das im Jahre 1723 (nach freimaurerischer Zählung das Jahr 5723) von dem presbyterianischen Prediger James Anderson nach älteren Vorbildern formulierte Manuskript, das am 17.1.1723 in der endgültigen Fassung vorlag und so von der Großloge genehmigt wurde (Text bei Oslo 1988: 364-383). Anderson wurde bei der Abfassung des Werkes von John Theophilus Desaguliers (1683-1744), dem «Vater der englischen Großlogenmaurerei» (Lennhoff/Posner 1980: 337) beeinflußt. Dieses Werk erfuhr mehrere Neubearbeitungen und -auflagen.

Andersons berühmt gewordenes Werk trägt den Titel ‹The Constitutions of the Free-Masons, containing the History, Charges, Regulations etc. of that most Ancient and Right Worshipful Fraternity›. In dem Titel dieser Konstitutionen wird der Anspruch manifestiert, die älteste Gründung der neuzeitlichen Freimaurer zu sein. Das Buch enthält außer einem Vorwort mit einer Widmung an den Herzog von Montague eine Geschichte der Freimaurerei, die bei der Aufnahme neuer Logenmitglieder verlesen werden sollte. Dort wird die Geschichte der Freimaurerei von Adam im Jahr 1 der freimaurerischen Zeitrechnung (= 4003 v. Chr.) über Henoch, Seth, Ham und Japhet, den Söhnen Noahs über Nimrod, die Assyrier, Chaldäer, die Ägypter und ihren Pyramidenbau bis nach Kanaan zu Salomo und seinem Tempelbau, dann über Babylon, Persien, Griechenland und Rom bis nach England gezeichnet. Die englischen Könige werden in diese Geschichte miteingeschlossen. Die Geschichte endet mit König William III im Jahr 1688.

Die Geschichte der Freimaurerei in den ‹Constitutions›

Der Verfasser der ‹Alten Pflichten›, James Anderson erzählt auf 56 Seiten die Geschichte der Freimaurerei von der Schöpfung bis zur Gegenwart. Von dieser Darstellung wird allerdings heute nicht mehr behauptet, daß sie auf historischen Grundlagen beruhe.

Nach diesem Bericht war Adam der Vater der Geometrie, die er seine Söhne lehrte. Kain errichtete eine Stadt und benannte sie nach seinem ältesten Sohn Enoch. Auch Seth betrieb Geometrie und Astronomie. Beide Familien waren Bauleute. Dann baute Noah die Arche nach den Gesetzen der Baukunst, und durch ihn und seine drei Söhne wurde sie in die Welt nach der Sintflut hinübergerettet. Im 101. Jahr nach der Sintflut (2194 v. Chr.) entstand die Sprachverwirrung beim Turmbau im Tal Schinar. Auch Nimrod baute Städte

wie Ninive und Rehoboth. Die Weisheit der Chaldäer und
Magier gelangte zu den Ägyptern, denn der zweite Sohn des
Ham Mizraim begründete im Jahr 2188 v. Chr. dort eine neue
Kolonie. Ein anderer Sohn besiedelte Kanaan. Abraham er-
lernte in Ur die Baukunst im Jahre 2078 v. Chr. Von den
Ägyptern wurden die Juden zur Baukunst gezwungen. Beim
Durchzug durch die Wüste sonderte sich Gott Bezalel und
Aholiab zum Bau der Stiftshütte aus (1490 v. Chr.). Gott hat-
te Mose den Grundriß für die Stiftshütte gezeigt. Er wurde
‹General Master Mason›. Unter ihrem Großmeister Mose zog
das Volk Israel durch die Wüste und wurde immer wieder
von ihm zur Hauptloge (‹general lodge›) gerufen. Die Juden
wurden Bauleute. Salomo errichtete mit Hilfe von 80.000
Steinmetzen und 70.000 Hilfsarbeitern schließlich den Tempel. Er hatte Hiram von Tyrus zum Freunde, und dieser sand-
te ihm Maurer und seinen Baumeister Hiram oder Adoniram
(Hiram Abiff), den besten Maurer der Welt. Im Jahr 1004 v.
Chr. weihte Salomo den Tempel ein. Er war damals Großmeister der Loge von Jerusalem.

Nach Vollendung des Tempels zerstreuten sich die Bauleute nach Mesopotamien, Assyrien, Chaldäa, Kleinasien und
Griechenland bis nach Indien und brachten so die Baukunst
in viele Länder. In Jerusalem wurde schließlich 536 v. Chr.
der zweite Tempel errichtet. Die Kunst verbreitete sich auch
nach Griechenland, wo alle Bauwerke nach den Plänen des
salomonischen Tempels errichtet wurden. Thales von Milet
und Pythagoras, Euklid und der Ptolemäer Philadelphus lernten die Kunst. Auch die afrikanischen Völker und Sizilien mit
Archimedes (3. Jh. v. Chr.) werden erwähnt. Dort lernten die
Römer die Baukunst. Augustus Cäsar wird als der Großmeister der Loge von Rom bezeichnet. Die Kelten, Gälen und
Briten lernten von den Römern die Baukunst. Die heidni-
schen Stämme Englands bekehrten sich zur Maurerei. Nun

setzten sich mehrere englische Könige für sie ein, bis König Athelstan einen Freibrief für die Maurer erließ und ihnen die Erlaubnis zu Jahresversammlungen gab. Im folgenden erfuhren die Maurer immer mehr die Förderung durch Adlige und Geistliche und erlebten einen beständigen Aufschwung, bis am Johannistage des Jahres 1717 (24.6.) das ‹Fest der Freien und Angenommenen Maurer› in der Schenke ‹Zur Gans und zum Bratrost› abgehalten werden konnte.

Der Ursprung der Legende ist unsicher. Ob sie vom Kontinent oder den angelsächsischen Ländern stammt, ist noch nicht erforscht. Es sind mehrere Versionen der Legende bekannt (vgl. Lagutt 1958: 50ff).

Die ‹Alten Pflichten›

Ferner enthalten die ‹Constitutions› die ‹Alten Pflichten› sechs Hauptpunkte (oder Hauptstücke), wobei der sechste Punkt wiederum in sechs Unterpunkte unterteilt ist. Sie lauten (nach Lennhoff/Posner 1980: 13):

I. Von Gott und der Religion
II. Von der bürgerlichen Obrigkeit, der höchsten und untergeordneten
III. Von den Logen
IV. Von den Meistern, Aufsehern, Zunftgenossen und Lehrlingen
V. Von dem Verhalten der Zunft bei der Arbeit
VI. Vom Betragen
    1. wenn die Loge geöffnet ist
    2. wenn die Loge geschlossen ist und die Brüder noch nicht auseinandergegangen sind
    3. wenn Brüder außerhalb der Loge zusammentreffen und kein Fremder zugegen ist
    4. in der Gegenwart von Fremden, welche nicht Maurer sind

5. im Hause und in der Nachbarschaft

6. gegen einen fremden Bruder

Der zweite Paragraph ermahnt den Maurer dazu, der bürgerlichen Gewalt untertan zu sein, der dritte und vierte Abschnitt behandeln das Thema Mitgliedschaft in der Loge, und der fünfte und sechste Punkt erörtern das Verhalten der Logenbrüder innerhalb und außerhalb der Logen.

Daran schließt sich ein Abschnitt mit der Bezeichnung ‹General Regulations› (‹Allgemeine Anordnungen›) von George Payne aus dem Jahr 1720 (genehmigt von der Londoner Großloge 24.6. 1721) an, der eine Art ‹Hausordnung› in 39 Punkten darstellt. Das folgende Kapitel enthält Anweisungen für die Einsetzung einer neuen Loge. Den Schluß bildet die Approbation derselben Satzung durch den Großmeister des Jahres 1723, Philipp Herzog von Wharton und die Meister und Aufseher von 20 Logen im Jahr 1723.

Die ‹Alten Pflichten› waren nicht geheim, sondern öffentlich erhältlich. Für die Freimaurerei des 20. Jahrhunderts hat nur noch der Teil Bedeutung, der die ‹Alten Pflichten› enthält.

Über die ‹Alten Pflichten› hinaus gibt es noch die sogenannten ‹Alten Landmarken›, ein Versuch, die teilweise nicht schriftlich festgehaltenen verschiedenen Freimaurergebräuche und -traditionen festzuschreiben. Sie haben aber keine allgemeine Billigung erfahren. So gibt es zwischen den einzelnen Großlogen in den verschiedenen Ländern zwar viel Ähnlichkeiten in Riten und Symbolen, aber kein gemeinsames Freimaurerrecht. Albert G. Mackay hat 1858 25 Landmarken zusammengetragen, die jedoch keine allgemeine Billigung erfahren haben (vgl. Dierickx 1968: 143).

Der Gottesbegriff in den ‹Alten Pflichten›

Der interessanteste Abschnitt ist sicher der erste, der unter der Überschrift «Von Gott und der Religion» steht.

Der deutsche Text lautet:

«Der Maurer ist durch seinen Beruf verbunden, dem Sittengesetz zu gehorchen, und wenn er seine Kunst recht versteht, wird er weder ein dummer Gottesleugner noch ein Wüstling ohne Religion sein (Originaltext: «no stupid atheist and irreligious libertine»). Aber obgleich in alten Zeiten die Maurer verpflichtet waren, in jedem Lande von der jedesmaligen Religion des Landes oder der Nation zu sein, so hält man doch jetzt für ratsam, sie bloß zu der Religion zu verpflichten, in welcher alle Menschen übereinstimmen und jedem seine besondere Meinung zu lassen … « (zitiert bei Lennhoff/Posner 1980: 15).

Diese Aussage von der Religion, in der alle Menschen übereinstimmen (Originaltext: «religion, in which all men agree»), ist zum Ausgangspunkt für die verschiedensten Interpretationen geworden. Die Formulierung wurde je nach Land in christlichem, in deistischem oder sogar in philosophisch-atheistischem Sinne aufgefaßt. Zu Beginn hatte sie in England mit Sicherheit eine christliche Prägung, wie auch aus dem Wahlspruch der englischen Großlogengründung 1717 hervorgeht: «In the Lord is all our trust!» (ebd. 749). (Vergleiche auch die oben beschriebene amerikanische Eindollarnote, in der neben den Freimaurersymbolen «In God we trust» steht.)

Dieser Abschnitt ist auch als Einführung einer neuen Religion aufgefaßt worden. Aber hier wird nicht der Glaube an einen bestimmten Gott verfochten, sondern im Gegenteil soviel Interpretationsmöglichkeit gelassen, daß die Freimaurer der verschiedenen Länder und Zeiten diesem Paragraph zustimmen konnten und können.

Die Gottheit, die hier gemeint ist, wird als A.B.A.W. (‹Allmächtiger Baumeister aller Welten› oder ‹Great Architect of the Universe›) bezeichnet, zu dessen ‹Welterbauung› mit der

Werkmaurerei in der Erbauung von Sakralbauten oder in der spekulativen Maurerei mit der Erbauung des Gebäudes der Humanität ein Abbild geschaffen wird.

Der Mensch wird von den Freimaurern als rauher Stein aufgefaßt, der bearbeitet werden muß. Das geschieht zunächst durch Eltern, Lehrer oder die Kirche, später hört diese Erziehung auf. Dann möchte die Freimaurerei den Menschen zur Selbsterziehung anleiten, zur Beherrschung seiner Fehler und Schwächen und ihn damit umformen und umgestalten. Lagutt hat dahingehend ein ganz inoffizielles ‹Credo› der Freimaurer formuliert:

«Ich glaube an den Menschen im Menschen, durch alle Irrungen und Schwächen hindurch.

Ich glaube an die Berufung des Menschen, einst ganz Mensch und nur Mensch zu sein.

Ich glaube an das in der Tiefe des Menschenherzens schlummernde Wahre, Schöne und Gute.

Und ich glaube, daß dieses einst in vollem Glanze hervorbrechen wird und diese Erde in den Stern des Wahren, Schönen und Guten verwandelt» (Lagutt 1958: 112).

G. Riten und Symbole

Um noch kurz auf die Praxis der Freimaurerei einzugehen, sollen hier einige Symbole und Riten genannt werden.

Die Loge ist ein längliches Rechteck, die auf die vier Himmelsrichtungen ausgerichtet ist. Der Meister vom Stuhl, der die Arbeiten leitet (jede Sitzung heißt ‹Arbeit›), sitzt im Osten, die beiden Aufseher beide im Westen oder im Süden und Westen. Vor dem Meister liegt die Dreiheit der drei Großen Lichter: die Bibel, der Zirkel und das Winkelmaß. Dazu gehören die drei Säulen der Weisheit, Schönheit und Stärke, auf denen drei Lichter brennen. Die meisten Logen haben zudem eine bildliche Darstellung ihrer Hauptsymbole und zwar entweder auf einem Teppich oder einer Tafel.

Am Eingang des maurerischen Tempels stehen zwei Säulen zur Erinnerung an die beiden vom Meister Hiram geschaffenen Säulen aus Erz, die im Vorhof des salomonischen Tempels standen und von Hiram die Namen Jachin und Boas erhielten

Der Vorsitzende einer Loge heißt ‹Ehrwürdiger Meister vom Stuhl›. Er eröffnet und schließt die Sitzung mit dem Hiram-Hammer. Ihm stehen Logenbeamte, der Erste und Zweite Aufseher, der Redner, der Sekretär und der Schatzmeister zur Seite. Darüber hinaus gibt es den Zeremonienmeister, den Wachhabenden, den Schaffner, den musikalischen, den prüfenden und den vorbereitenden Bruder, die in der Loge bestimmte Plätze haben. Ein mit einem Schwert bewaffneter Bruder prüft die Eintretenden und fragt sie nach ‹Zeichen, Griff und Wort› und wacht darüber, daß kein Nicht-Freimaurer Zugang zur Loge erhält.

Im Osten der Loge steht der Altar (er ist erst seit dem 18. Jahrhundert Bestandteil der Loge), auf dem außer dem Zirkel und dem Winkel gewöhnlich die Bibel (‹Volume of the Sacred Law›) aufgeschlagen liegt, die heute jedoch meist eine rein symbolische Bedeutung hat. Erst im Jahr 1731 wurden bestimmte Kleidungsstücke (wie z. B. der Schurz) festgelegt. Eröffnung und Schließung der Loge sind ebenfalls durch Riten bestimmt. In ihrer symbolischen Zeiteinteilung beginnt die Loge ‹um Mittag› und endet ‹um Mitternacht›.

Auch die Aufnahme eines ‹Lehrlings› in die Loge wird von besonderen Riten begleitet, die als ‹Initiationsriten› bezeichnet werden können. Der Aufzunehmende legt zuerst alle metallischen Gegenstände ab (als Symbol des Ablegens fertiger Vorurteile und Anhänglichkeit an das, was glänzt), es folgt ein Gebet, der Kandidat legt ein Gelöbnis der Verschwiegenheit und Pflichterfüllung (meist auf die Bibel) ab. Es wird ihm das Licht erteilt (d. h. die Augenbinde abgenommen als Symbol für die innere Erleuchtung), Zeichen, Griff und Wort mitgeteilt, und der Meister vom Stuhl hält eine Einführungsansprache (‹Charge›; Mellor 1967: 334-336). Die älteste erhaltene dieser belehrenden Ansprachen stammt aus dem Jahre 1734 (Text in Lennhoff/Posner 1980: 266-268).

In ähnlicher Weise verläuft die Aufnahme in den Gesellengrad. Die Aufnahme in den Meistergrad unterscheidet sich davon erheblich. Die Handlungen variieren je nach dem Ritus einer bestimmten Loge. Die zeremonielle Einweihung soll symbolisch den Alltagsmenschen ersterben und einen neuen Menschen erstehen lassen (Miers 1986: 148-129).

«Der Inhalt seiner Symbolik ist die Erreichung eines Bauzieles, gehüllt in die Allegorie des Salomonischen Tempelbaues als Ausdruck für die Vollendung und den endgültigen Sieg des Humanitätsgedankens …»

«Indem der Freimaurer unter der Humanitätsidee das Streben nach höchster Vollendung menschlichen Wesens versteht und erfaßt, erstreckt er sein Arbeitsgebiet auf die gesamte Menschheit, die ihm Baustoff und deren höchstmögliche sittliche Vollendung, die ihm Bauziel ist» (Lennhoff/Posner 1980: 25).

H. Das Geheimnis der Freimaurer

Wenn man unter Esoterik geheimes Wissen versteht, das Außenstehenden nicht bekannt ist, also die Riten, Gebräuche und Erkennungszeichen der Freimaurer, so wäre die Freimaurerei nur so lange esoterisch gewesen, bis das letzte ‹Geheimnis› in den Gebräuchen und Riten aufgedeckt und publik gemacht worden ist. Das ist jedoch in der Vergangenheit vielfach durch sogenannte «Verräterschriften» geschehen. Sie haben vieles von den internen Gebräuchen bekanntgemacht.

Genauso widersprechen die Freimaurer dem Vorwurf, daß es bei der Freimaurerei geheime Kenntnisse gebe (Reinalter 1989: 9). Vielmehr betonen sie selbst immer wieder, daß an ihrer Geschichte, ihren Grundsätzen und dem Zweck ihrer Vereinigung nichts Geheimes sei. Ein Freimaurer schreibt über seine eigene Darstellung der Freimaurerei:

«Die Schrift dürfte manches enthüllen, doch ‹verraten› hat sie nichts, weil es tatsächlich nichts zu verraten gibt.» (Lagutt 1958: 8; vgl. Lennhoff/Posner 1980: 48).

Ihr ‹Geheimnis›, so sagen die Freimaurer, liege vielmehr in dem *Erleben* der Riten und sei durch bloße Worte nicht zu beschreiben.

«… In diesem Sinne ist auch die Freimaurerei ein Erlebnis, zumal ihre Lehren nicht in rationaler Form, in Worte gekleidet, ausgedrückt, sondern in symbolischer Gestaltung übermittelt werden, deren Ausdeutung ein hohes Maß von Sich-Einfühlen, seelischer Resonanz, voraussetzt …» (Art. ‹Erlebnis› in: Lennhoff/Posner 1980: 446)

Wenn diese Aussage zutrifft, dann kann die Freimaurerei nicht wegen ihrer ‹Geheimgebräuche› als esoterisch gelten, weil es diese dann ja gar nicht gäbe, sondern deshalb, weil nur Mitglieder der Zeremonie beiwohnen können, die die Zusammenkunft auf der emotionalen Ebene erleben. Das ‹Geheimnis› des Erlebens wird so beschrieben:

«Und dennoch besteht ein Geheimnis. Das wirklich Erstaunliche daran ist jedoch, daß es gar nicht verraten werden kann, denn es hängt aufs engste mit dem Wesen des Menschen zusammen… Das Geheimnis, um welches es geht, lebt in jedem Menschen, ist dem Menschen eingeboren. Es ist das Mysterium des Menschen selbst. Es ist das ureigenste Geheimnis des menschlichen Wesens, das zugleich das Geheim-

nis unseres Schöpfungskreises ist... Wohl pflegen die Freimaurer symbolisch-kultische Handlungen, von welchen sie
glauben, der darin aufgezeigte Weg vermöge den Menschen
so zu leiten, daß ihm das Geheimnis des eigenen Wesens allmählich aufgehen werde» (Lagutt 1958: 14-15).

Oder an anderer Stelle:

«Das Geheimnis der Freimaurerei besteht eben nicht in einem allen Nichtfreimaurern verborgenen Wissen, sondern einzig und allein in einer nur im geschlossenen Kreise wirksamen
Erkenntnisweise, durch deren Anwendung ein gereifter, idealen Zielen zustrebender Mann eine befriedigende Lösung der
Lebensrätsel finden kann» (Kuntzemüller 1981: 222).

Auch wenn dem prinzipiell zuzustimmen ist, da gnostische
Systeme immer unter Erkenntnis kein reines verstandesge-
mäßes Erfassen, sondern ein durch Einweihung vermitteltes
inneres Schauen verstehen, darf man dennoch nicht verges-
sen, daß eine normale Loge nach wie vor auch ein ganz kon-
kretes Geheimnis hat, weil an den ‹Arbeiten› der Logen nur
eingeweihte Logenmitglieder teilnehmen dürfen, so daß also
selbst sehr stark mit der Freimaurerei sympathisierende Forscher nicht teilnehmen können, ohne Mitglied zu werden und
im Regelfall die Angehörigen ohne genaue Kenntnis der Vor-
gänge bleiben. Natürlich ist die Freimaurerei in der Regel
auch ein männliches Geheimnis, da die Frauen, auch die
Ehefrauen, ganz ausgeschlossen bleiben.

IV. Geschichte der Freimaurerei ab 1717: Die nationale Ausgestaltung

A. Die Problematik einer Geschichte der Freimaurer

Die Geschichte und Entwicklung der Freimaurerei nach ihrem offiziellen Gründungsjahr 1717 ist nur schwer historisch exakt zu erfassen und erst recht nicht in Kürze darzustellen. Dafür gibt es im wesentlichen fünf Gründe.

Zum ersten hat die Freimaurerei nie eine internationale Leitung besessen, sondern sich auf nationaler Ebene recht unterschiedlich entwickelt. Die Freimaurer selbst haben immer wieder der Behauptung widersprochen, daß über den örtlichen Großlogen etwa eine Weltorganisation stünde, die die einzelnen nationalen Verbände leitete.

«… eine Weltorganisation einheitlicher Struktur lebt nur in den Wunschträumen der Freimaurer und in der Einbildung der Gegner.» (Lennhoff/Posner 1980: 5)

Zum zweiten gestaltet sich die Freimaurerei meist in Anlehnung oder im Gegenüber zu der beherrschenden Religion in der Umwelt aus, d.h. in den meisten Fällen der christlichen Konfessionen, oft aber auch esoterischer Systeme oder anderer Weltreligionen.

Typisch sind etwa folgende Zitate von Lagutt:

«Wie der Einzelne sein Verhältnis zu Gott gestaltet, ist und bleibt ureigenste, persönliche Angelegenheit. Ob er als frommer Christ dem Weltganzen eine dreifaltige Gottheit zugrun-

de legt, ob einer im Sinne des Judentums in der Gottheit den
alttestamentlichen ‹Herrn der Welt› erkennt, ob er als Moslim
Allah seine Verehrung zollt, als Hindu seinen Gottheiten,
bleibt jedem unbenommen.» (Lagutt 1958: 105)

«In den Logen des außerchristlichen Raumes, in den Ländern des Islams oder in Indien, liegt nicht die Bibel auf, sondern das Buch der betreffenden Religion. Bei den Mohammedanern somit der Koran, bei den Hindus die Veden usw.»
(ebd. 121)

«Sind Christen anwesend, so liegt naturgemäß die Bibel
auf. So kann es vorkommen, daß in einer Loge Bibel, Koran
und Veden gleichzeitig aufliegen.» (ebd. 122)

Zum dritten sind insbesondere bis zum Ende des letzten
Jahrhunderts immer neue Richtungen und Gradsysteme entstanden, die sich zum Teil gegenseitig ergänzen, zum Teil
aber auch gegenseitig die Berechtigung absprechen, Freimaurer heißen zu dürfen.

Zum vierten enthalten die sowieso seltenen Selbstdarstel-
lungen der Freimaurer oft ebenso viele Legenden und unbe-
legte Traditionen, wie die zahlreichen sog. ‹Verräterschriften›
von ehemaligen Freimaurern.

Zum fünften ist die Geschichte der einzelnen Logen oft
untrennbar mit der Lebensgeschichte ihrer berühmten Mitglieder verbunden und damit mit der Geschichte von Politik,
Philosophie, Literatur und manch anderem. Jeder Versuch einer Geschichte der Freimaurer kann daher nur einen groben
Überblick verschaffen.

Im folgenden soll die nationale Ausgestaltung der Freimaurerei besprochen werden. Eingeschlossen ist dabei die
Entstehung der sog. Hochgrade, die dadurch zwar auf die
Geschichte mehrerer Länder verteilt und nirgends geschlossen dargestellt wird, aber doch so eng mit der Geschichte der
zahlenmäßig immer viel stärkeren Freimaurerei der üblichen

drei Grade verbunden ist, als daß man sie unabhängig davon darstellen könnte.

B. Nationale Unterschiede

Der Freimaurer Jürgen Holtorf bringt die nationale Ausgestaltung der regulären Freimaurerei auf folgende zutreffende, wenn auch sicher pauschale Formel:

«Auseinandergehende Auffassungen über Ursprung, Zweck und Ziele der Freimaurerei führten zu unterschiedlichen Lehrarten, verschieden nach der Geisteshaltung der Deutschen, Franzosen, Engländer und Amerikaner. Von Lessing, Krause u.a. ist z.B. die Freimaurerei auf einen klar gefaßten Humanitätsgedanken hingewiesen worden. Sie waren die Begründer der ‹humanitär› ausgerichteten Freimaurerei, ein spezifisch deutsches Produkt. Während die angelsächsischen Freimaurer ihren Humanitätsbegriff aus religiöser Grundlage ableiten und die französischen aus mehr sozialen Postulaten (Menschenrechte), wurde in der deutschen ‹humanitären› Freimaurerei ein ethischer Humanitätsgedanke entwickelt, der ohne religiöse oder politisch-soziale Ableitung zum kategorischen Bestandteil der freimaurerischen Lehre erhoben wurde.» (Holtorf 1988: 31)

Da die unterschiedlichen Lehrarten sehr eng mit dem Verständnis der universalen Religion hinter allen Religionen zusammenhängt, von der James Anderson in den Alten Pflichten von 1723 spricht, ist es kein Zufall, daß das katholische Lexikon für Theologie und Kirche eine ähnliche Einteilung vornimmt:

«Bei Beurteilung der Stellung der Freimaurer zu Religion und Christentum ist nicht nur zwischen der Freimaurerei in den romanischen, angelsächsischen, deutschen und nordi-

schen Ländern zu unterscheiden, sondern auch die oft recht
unterschiedliche Haltung der Gläubigen in den einzelnen
Ländern zu beachten und bei Aussprüchen und Handlungen
einzelner Freimaurer festzustellen, inwieweit sie im Sinn und
Auftrag ihrer Loge handelten.» (Algermissen 1986: 348)

Wie weit der Bogen gespannt werden kann, zeigt Horst
Miers Einteilung der nationalen Ausgestaltungen des 1893 gegründeten ersten gemischtgeschlechtlichen Freimaurerordens
«Das Menschenrecht» (Droit Humain), der heute zwar weitge-
hend dem sog. schottischen Ritus folgt, aber nicht zur regulären
Freimaurerei gehört: «Frankreich rationalistisch; Belgien
atheistisch; England theosophisch; Holland rosenkreuzerisch;
Deutschland christlich; Indien, Fernost hinduistisch etc.; USA
humanitär; Südamerika antiklerikal.» (Miers 1986: 111)

C. Freimaurerische Begriffe

Auch wenn wir damit bereits vorgreifen, sollen die wich-
tigsten Begriffe zur Freimaurerei angesprochen werden, um
eine Orientierung zu ermöglichen.

Die sog. ‹blaue› oder ‹symbolische› Maurerei oder ‹Jo-
hannismaurerei› umfaßt die Freimaurerei, wie sie den meisten bekannt ist, also die drei Grade Lehrling, Geselle und
Meister. Auf ihr baut die sog. ‹rote Maurerei›, manchmal
auch ‹Andreasmaurerei› genannt, mit den sog. ‹Hochgraden›
auf. Früher gab es zahlreiche sog. Hochgradsysteme mit bis
zu 96 Graden, heute spielen nur noch drei sog. ‹Riten› eine
Rolle.

Der sog. ‹Französische Ritus› arbeitet mit 7 Einweihungs-
graden, der sog. ‹Yorksche Ritus› mit 7 Graden und drei zu-
sätzlichen Rittergraden, der sog. ‹Schottische Ritus› mit 33
Hochgraden, deren erste die drei Grade der normalen, ‹blau-

en› Maurerei bilden. Nur wer diese drei Grade durchlaufen hat, kann sich der ‹roten› Freimaurerei zuwenden (vgl. die Titel aller Grade der drei Riten in Dierickx 1968: 164-167). Die Bezeichnungen der ‹Riten› haben mit den verwendeten Orten und Ländern nicht das geringste zu tun.

Im ‹Schottischen Ritus› bilden die sog. ‹Souveränen General-Großinspekteure›, die Eingeweihten des 33. Grades, jeweils den sog. ‹Obersten Rat› unter Leitung des ‹Großkommandeurs›.

In der ‹roten› Maurerei gibt es örtliche sog. ‹Logen›, die in ihren sog. ‹Tempeln› ihre sog. ‹Arbeit› (= rituelle Handlung) verrichten. Leiter der Loge ist der sog. ‹Meister des Stuhls› (im Englischen bis heute ‹chairman› = Vorsitzender). Mehrere Logen bilden eine sog. ‹Großloge› (auch ‹Landeslogen›) mit dem Vorsitzenden sog. ‹Großmeister›. Normalerweise deckt eine ‹Großloge› ein Land ab. In Deutschland, England und Frankreich umfaßt die Großloge Logen mehrerer Systeme. In anderen Ländern gibt es mehrere Großlogen, die sich im System unterscheiden. In den USA gibt es eine Großloge für jedes Bundesland.

D. Großbritannien

Die 1717 gegründete englische Großloge war in den ersten Jahren zunächst einerseits in eine politisch gefärbte Auseinandersetzung zwischen den eher «dissentisch-whigistisch-deistisch» geprägten Logen und den «anglikanisch-torysitisch-christlich» geprägten Logen (Oslo 1988: 283[1]), ande-

---

1 Der Freimaurer Oslo bietet eine recht legendäre Darstellung der Vor- und Frühgeschichte der Freimaurer. Nur einzelne kürzere Abschnitte sind in einem anderen Stil abgefaßt und enthalten historische Informationen in gedrängter Form, z.B. zu den ersten Jahren der Londoner Loge Oslo 1988: 272-293.

rerseits in ausgiebige literarische Streitigkeiten verwickelt, deren Höhepunkt die ersten sog. ‹Verräterschriften› von 1723 und 1724 waren. Diese Verräterschriften (vgl. Oslo 1988: 282-284) spielten eine nicht zu unterschätzende Rolle, weil neugegründete Logen ironischerweise erst aus ihnen erfuhren, welche Rituale und Lehren in London üblich waren, die sie sich zum Vorbild nehmen konnten (vgl. die Liste bei Lennhoff/Posner 1980: 1642-1647).

«Die ... Verräterschriften enthüllten die gebräuchlichen Rituale der drei Grade, und nun schossen Logen wie Pilze aus der Erde ...» (Dierickx 1968: 44)

Desaguliers

Erst allmählich erlangte die Großloge Londons gesellschaftliches Ansehen. Dabei spielte John Theophilus Desaguliers, «der erste Freimaurer von gesellschaftlicher Geltung und eigener Persönlichkeit» und zugleich «der Vater der englischen Großmaurerei» (Lennhoff/Posner 1980: 336-337), eine wesentliche Rolle. 1717 trat er noch nicht in Erscheinung. 1719 wurde er bereits zum Großmeister gewählt. Er führte der Freimaurerei zahlreiche Adelige zu. 1721 veranlaßte er den ersten Adeligen, den Herzog von Montague, Großmeister zu werden (Lennhoff/Posner 1980: 423). Er nahm 1731 in Den Haag als erstes Mitglied eines europäischen Herrscherhauses den Ehemann von Kaiserin Maria Theresia, den späteren Kaiser Franz I. von Österreich-Ungarn, auf (vgl. Lennhoff/Posner 1980: 337+1167-1168), 1737 als erstes Mitglied des britischen Königshauses den Thronfolger und Prinzen von Wales, Friedrich, der eine nie abgerissene Kette von Freimaurern innerhalb der englischen Königsfamilie begründete, zu denen auch mehrere Könige gehörten und die nicht nur pro forma zu den Logen gehörten, sondern mehrere Großmeister stellten und aktiv auf die Entwicklung der Frei-

maurer Einfluß nahmen (vgl. die Zusammenstellung in Lenn-
hoff/Posner 1980: 435-439).

Desaguliers spielte durch seinen Besuch in Schottland von
1721 auch eine wesentliche Rolle dabei, daß sich die viel
zahlreicheren schottischen Logen dem englischen Ritus anschlossen und 1736 eine Großloge gründeten. (Über die irische Freimaurerei und ihre 1725 gegründete Großloge ist an
dieser Stelle wenig zu sagen, weil alle Quellen über die Zeit
vor 1780 verlorengegangen sind (vgl. zur irischen Freimaurerei Lennhoff/Posner 1980: 751-755).

Altmaurer und Neumaurer[1]

1730 beschloß die Londoner Großloge einige für alle Logen
verpflichtende Veränderungen im Ritual, um der Flut von
Logenneugründungen Herr zu werden. Die 1725 begründete
irische Großloge und die 1736 begründete schottische waren
dagegen konservativer und gingen in ihren Anschauungen
und Ritualen noch vor die Zeit der Andersonschen Konstitutionen von 1723 zurück. Mit ihrer Unterstützung fanden sich
englische Logen 1739 zusammen und gründeten 1751 eine
rivalisierende Großloge ‹Grand Lodge of Free and Accepted
Masons of the old Institution› (Dierickx 1968: 45). Sie nannten sich selbst die ‹Antients› (= Ancients) oder ‹Altmaurer›,
die anderen die ‹Moderns› oder ‹Neumaurer›. Der irische
Freimaurer Laurence Dermott ersetzte Andersons Konstitutionen durch neue mit dem Titel ‹Ahiman Rezon›, die 1762

---

1 Die Bezeichnungen besagen nichts über das wirkliche Alter, da nie geklärt wer-
den konnte, welcher Richtung die älteren Logen angehörten; vgl. die ausführliche
Diskussion in der ältesten Geschichte der Freimaurerei von 1848 (Kloß 1971).
Beim Zusammenschluß 1813 wurde verlost, in welcher Reihenfolge die Logen
entstanden waren (Lennhoff/Posner 1980: 81). Neben den beiden Großlogen in
London gab es in England noch 1725-1792 eine Großloge in York und eine vierte
Großloge 1779-1789 (Dierickx 1968: 45; Lennhoff/Posner 1980: 429-430).

und 1773 auch in Irland und Schottland übernommen wurden.

Auch wenn der Unterschied der beiden Großlogen nicht sehr erheblich war, wurde die Initiation erneuert, wenn ein Freimaurer die Großloge wechselte. Zusätzlich spielten auch unterschiedliche Hochgradsysteme eine Rolle, insbesondere der Royal-Arch-Grad der ‹Antients›. Gegen Ende des Jahrhunderts mehrten sich die Stimmen, die eine Vereinigung wünschten, zumal einige Neumaurer den Royal-Arch-Grad der Altmaurer bearbeiteten. Die ‹Moderns› ebneten den Weg, indem sie einige ‹Neuerungen› rückgängig machten.

1790-1813 war der spätere König Georg IV. und Sohn von Georg III. als Prinz von Wales Großmeister der ‹Moderns› mit ihren 386 Logen. Ihm folgte sein Bruder August Friedrich, Herzog von Sussex. Ebenfalls 1813 wurde sein anderer Bruder Eduard, Herzog von Kent, Großmeister der ‹Antients› mit ihren 260 Logen. Das erleichterte den Zusammenschluß. Die ‹Antients› und die ‹Moderns› gingen am ‹Johannistag› (27.12.) 1813 unter dem Großmeister August Friedrich, dem Sohn von König Georg III., wieder zusammen. 1814 erkannten sich die Großlogen von England, Schottland und Irland gegenseitig an. Erst seit diesem Zeitpunkt gibt es eigentlich eine sog. ‹reguläre› Freimaurerei, die von den britischen Großlogen anerkannt wird und die sog. ‹irreguläre› Freimaurerei, das heißt vor allem die französischen Richtungen, aber auch andere Freimaurerorden, ausschließt.

Das britische Weltreich

Im Rahmen der Ausweitung des britischen Imperiums breitete sich die Freimaurerei vor allem in Nordamerika (USA, Kanada), Indien, in den westindischen Inseln und später in Afrika aus. So wurde bereits 1728 eine erste Loge auf den Bengalen gegründet (Lennhoff/Posner 1980: 166). 1730 folgte die erste ‹regulär› von London aus gegründete Loge in Port Williams (Calcutta). Diese Ausbreitung ging übrigens nicht nur von den englischen, sondern ebenso auch von den schottischen Logen aus.

E. Frankreich mit den romanischen und lateinamerikanischen Ländern

Die normale Großloge

«Das erste Land, wo die Freimaurerei auf breiterer Basis festen Fuß faßte, war Frankreich. Über die ersten Gründungen gehen die Angaben der freimaurerischen Historiker auseinander. 1725 bestand angeblich in Paris eine Loge ...» (Lennhoff/Posner 1980: 495)

Nirgends ist jedoch die Geschichte der Freimaurerei auch so verwirrend wie in Frankreich. Noch heute bestehen der Großorient, die Großloge, der Oberste Rat des Schottischen Ritus und der Orden ‹das Menschenrecht› (‹Droit Humain›) nebeneinander.

Von Anfang an gab es die Richtung der heutigen Großloge, die sich der Lehre der Londoner Großloge verbunden fühlte (gegen Mellor 1967: 109). Die meisten dieser Logen waren zunächst Logen für Briten im Dienst des englischen oder französischen Königs. Sie behielten bis heute ebenso wie der Oberste Rat des Schottischen Ritus das Bekenntnis zum ‹Allmächtigen Baumeister des Universums› bei. Diese Großloge erklärte sich jedoch schon früh als unabhängig und gilt daher als ‹irregulär›, so daß es in Frankreich eigentlich kaum ‹reguläre› Freimaurerlogen gibt (Dierickx 1968: 168).

Alle Richtungen waren mehr oder weniger durch ihre Mitglieder mit der Politik verbunden. 1741 faßte ein Gegner der Freimaurer die Grundlehren der Freimaurer mit dem Schlagwort ‹Freiheit, Gleichheit, Brüderlichkeit› zusammen (Lennhoff/Posner 1980: 498) und prägte damit wahrscheinlich das Schlagwort, das die französische Freimaurerei zu ihrer Devise machte und das später der Inbegriff der Französischen Revolution wurde, auf die hin die französische Freimaurerei sicher angelegt war, auch wenn sie diese vermutlich nicht direkt geplant hat.

Hochgradsysteme und schottische Riten

Neben den regulären Logen entwickelten sich sehr schnell verwirrend viele Hochgradsysteme (vgl. die Karte bei Frick 1978: 63+72 u.a.). 1742 wird der erste ‹schottische› Grad erwähnt, (der mit Schottland allerdings nichts zu tun hatte). Die Geschichte dieser frühen Hochgradsysteme ist jedoch kaum zu fassen. Selbst viele heutige freimaurerische Schriftsteller kritisieren diese Zeit der Spaltungen und vielen geheimen Grade und Systeme heftig:

«Dazu kamen Riten, die auf den in breiten Schichten herrschenden mystischen Neigungen, auf katholischer Ideologie, auf Rosenkreuzertum aufgebaut waren, die die Logen zu Sanktuarien okkultistischer Bestrebungen machten, geheimes Wissen um letzte Dinge, Offenbarungen, ‹die Wahrheit› zu besitzen vorgaben, hermetische Wissenschaft betrieben (s. Okkultistische Maurerei).» (Lennhoff/Posner 1980: 499)

Agethen (Agethen 1984: 65) sieht in den Hochgradsystemen den Versuch des Adels, die von der Freimaurerei in Frage gestellte ständische Gesellschaft durch die Hintertür wieder einzuführen und eine ‹aristokratische› Freimaurerei zu schaffen. Er fährt fort:

«Parallel zu dieser inneren Hierarchisierung verlief eine meist diffuse Legendenbildung, die die Ursprünge der Freimaurerei in die geistlichen Ritterorden des Mittelalters verlegte und sie als deren Fortsetzung und Erfüllung verstand. Dies führte zur Ausbildung von Formen pseudoreligiöser Innerlichkeit und emotionsgeladener Frömmigkeitspraxis oft verbunden mit aufwendigem zeremoniellen Gepräge –, die sich immer mehr zum reinen Selbstzweck auswuchsen und im übrigen schon allein wegen der Kostbarkeit der äußeren Erscheinung ein wirtschaftliches und soziales Auslesekriterium hinsichtlich der Mitglieder bedeutete.» (ebd. 65-66; vgl. 65-69)

Diese Entwicklung wurde erst in einheitliche Bahnen gelenkt, als 1801 in den USA ein ‹Oberster Rat› gegründet worden war, der die aus Frankreich kommenden ‹schottischen Riten› vereinheitlichte und den sog. ‹alten und angenommenen Schottischen Ritus› als Fortsetzung der ersten drei Grade der üblichen Freimaurerei ansah. Alexander François Grasse-Tilly erhielt 1804 das Patent des Obersten Rates in den USA, in der Alten Welt den schottischen Ritus mit seinen 33 Graden bzw. 30 Hochgraden einzuführen. Der französische Oberste Rat wurde Ausgangspunkt der meisten Obersten Räte anderer Länder, da die Zahl der direkt von den USA aus gegründeten Obersten Räte und bis auf wenige Ausnahmen auf den amerikanischen Einflußbereich (Lateinamerika, Philippinen) beschränkt blieb, wie die Stammbaumkarte bei Mellor 1967: 272 (vgl. Frick 1978: 63+72ff) zeigt. Der Oberste Rat von Frankreich steht nach vielen Auseinandersetzungen heute in gutem Einvernehmen mit der Großloge, deren religiöses Bekenntnis er teilt.

Der antiklerikale Großorient

Bereits am 24.4.1738 hatte Papst Clemens XII. den Kirchenbann über alle Freimaurer und alle, die sie unterstützten oder ihren Logen beiwohnten, ausgesprochen. (Weitere päpstliche Bannbullen wurden 1751, 1814 und 1823 erlassen; vgl. weitere Enzykliken bei Lennhoff/Posner 1980: 235-236) (Allerdings hatten vorher bereits die evangelischen Niederlande

1735, sowie 1737 und 1738 Toscana, Frankreich, Venedig und Hamburg Verbote ausgesprochen, die jedoch meist wirkungslos blieben; vgl. weitere Verbote bei Algermissen 1986: 345). Dies hatte für die romanischen Länder als katholische Länder naturgemäß eine viel größere Bedeutung, als für die angelsächsischen Länder.

Als Folge entwickelte sich in Frankreich eine antiklerikale Freimaurerei. 1773 wurde ein Großorient gegründet, dem sich jedoch nicht alle bisherigen Logen anschlossen. Bald vertrat dieser Großorient jedoch die stärkste Fraktion der französischen Freimaurerei, darunter auch viele Anhänger des Schottischen Ritus. 1775 wurden die Menschenrechte und die Freiheit und Gleichheit aller Menschen proklamiert. Viele bedeutende Persönlichkeiten, so z.B. Voltaire, schlossen sich an. Der Großorient bearbeitete später zwar alle 10 Grade bzw. 7 Hochgrade des Französischen Ritus, sowie zugleich die 33 Grade bzw. 30 Hochgrade des Schottischen Ritus, nahm eine Einweihung jedoch nur für den 18. und 30. vor, während die anderen Grade nur formlos zuerkannt werden, darunter auch die drei obersten ‹administrativen Grade› (Mellor 1967: 130-131).

Die stark christentumskritische Grundhaltung des Großorients (vgl. die freimaurerische Kritik der Geschichte der ‹Doktrin› bei Mellor 1967: 130-176) führte zu andauernden Auseinandersetzungen mit anderen Richtungen der Freimaurer in Frankreich und weltweit, die entweder ein Bekenntnis zum Baumeister des Universums oder sogar die christliche Maurerei vertraten. Zum offiziellen Bruch führte dies jedoch erst über 100 Jahre später:

«Der ‹Grand Orient de France› nahm dann 1877 auf Vorschlag des protestantischen Pastors Frederic Desmons, der später Großmeister wurde, einen Passus in seine Verfassung auf, der den Glauben an Gott und die Unsterblichkeit der

Seele nicht mehr zur Voraussetzung der Aufnahme machte, auch wurde die Bibel in den Logen zum Teil durch ein Buch mit weißen Blättern ersetzt. Diese Maßnahme, die im Sinne absoluter Gewissensfreiheit jedes Mitglied vom Bekenntnis zu einem bestimmten Glauben befreien wollte, rief den schärfsten Widerspruch der Großloge von England hervor, die seither den ‹Grand Orient› nicht mehr anerkennt. Daher ist auch eine Vereinigung aller französischen Freimaurer zur Zeit kaum denkbar» (Holtorf 1988: 40-41)

Dieser Bruch ist nicht nur für Frankreich von Bedeutung, sondern eigentlich für die Freimaurerei in den katholischen Ländern überhaupt, d.h. also in den romanischen Ländern Europas und in Lateinamerika:

«Für die romanischen Länder, auch Lateinamerikas, wurde die Ablehnung des Bekenntnisses zum ‹Allmächtigen Baumeister Aller Welten› 1877 vom ‹Grand Orient de France› formell ausgesprochen und am 15.9.1952 erneuert. Der ‹Grand Orient de France› war stets radikal antikirchlich. Die führenden Enzyklopädisten gehörten sämtlich der Freimaurerei an ...» (Algermissen 1986: 347; vgl. zur Geschichte der Auseinandersetzung zwischen der katholischen Kirche und der Freimaurerei in den romanischen Ländern Dierickx 1968: 75-103 und allgemein Wiegand 1985 gegen Baresch 1984).

Der Großorient hatte weltweiten Einfluß, auch wenn es einen entsprechenden ‹irregulären› Großorient nur noch in Belgien gibt (Dierickx 1968: 168). Der schottische Ritus stammt aus Frankreich und wurde von dort und von den USA aus verbreitet. Neben diesen beiden freimaurerischen Bewegungen sollte noch eine weitere Spielart der Freimaurerei aus Frankreich kommen, nämlich der 1893 gegründete Freimaurerorden ‹Das Menschenrecht› (Droit Humain), die erste freimaurerische Organisation, die Frauen gleichberechtigt aufnahm, nachdem bis dahin Frauen ausgeschlossen waren. Die

Vorgeschichte reicht bis zum Austritt einiger Mitglieder aus
dem Obersten Rat im Jahr 1880 und auf die Aufnahme der
bekannten Feministin Maria Deraismes zurück (Lenn-
hoff/Posner 1980: 384-385). 1910 begann der Aufschwung
im Ausland, insbesondere nachdem die Führerin der Theosophen Annie Besant mit zahlreichen weiteren Theosophen
aufgenommen worden war, die in London die erste Auslands-
loge des Ordens gründeten (ebd.). Heute stimmt die Gradein-
teilung völlig mit der Einteilung des Schottischen Ritus von
Albert Pike (s. unter USA) überein. Die nationale Ausprä-
gung dieses Freimaurerordens wurde bereits oben dargestellt.
In Deutschland entstand die erste Loge 1921 in Frankfurt.
1961 und 1963 spalteten sich die meisten deutschen Mitglieder in den Freimaurerorden ‹Humanitas› und die ‹Deutsche
Großloge Le Droit Humain› ab, so daß es dort kaum noch
Mitglieder des internationalen Ordens gibt (Miers 1986: 111-
113).

F. Vereinigte Staaten von Amerika

Die normalen Logen
1731 wurde der spätere Präsident der USA Benjamin Franklin in eine Loge in Philadelphia aufgenommen. Diese Loge
ging zwar wieder ein, wurde aber von Franklin 1749 wiederbelebt. Daneben bestand schon die 1733 gegründete erste ‹regulär› von London aus gegründete, bedeutende Loge von Boston, die durch die ‹Boston Tea Party› berühmt wurde (Lenn-
hoff/Posner 1980: 211). Über eine Logengründung berichtet
Franklin noch 1730 spöttisch in seiner eigenen Zeitung ‹Ga-
zette› (Holtorf 1988: 32). Dieser Bericht ist der älteste Beleg
über Logen in den USA (Pick/Knight 1969: 299f), auch
wenn es Ansprüche auf ältere Logen gibt.

Die Freimaurer spielten im amerikanischen Unabhängigkeitskampf eine führende Rolle. Die führenden Freiheitskämpfer waren Freimaurer, die ersten Präsidenten wie George
Washington, Großmeister der Loge von Alexandria gegenüber von Washington, und Benjamin Franklin, ein Großteil
der Unterzeichner der Unabhängigkeitserklärung (31 oder 55
von 56; vgl. Dierickx 1968: 59), 124 von 128 der Generäle
und Offiziere Washingtons, alle 13 Gouverneure der Gründerstaaten sowie das gesamte erste Regierungskabinett (Holtorf 1988: 34). Im Krieg wurde aller Besitz von Freimaurern
(und nur von Freimaurern!) aus der Beute an die britischen
Besitzer zurückgegeben (ebd.) Nachdem schon viele Präsidenten der USA Freimaurer waren, legte auch George Bush
wie George Washington seinen Amtseid als Präsident auf der
Bibel der New Yorker St. Johns-Loge ab, die eigens von einer Delegation der Freimaurer herbeigebracht wurde.

George Washington wurde 1788 «Meister vom Stuhl der
‹Alexandria›-Loge, die er auch dann weiter leitete, als er bereits Präsident war. Seinen Amtseid leistete er auf die Bibel
der ‹St. Johns Lodge No. 1›. Die Grundsteinlegung für das
Capitol vollzog Washington nach freimaurerischem Brauch-
tum. Die von ihm dabei benutzte Kelle fand wiederum Ver-
wendung, als Freimaurer 1923 den Grundstein für das ‹Washington Memorial› legten.» (Holtorf 1988: 181).

Die amerikanischen Logen, die sich 1769 zur einer Großloge zusammenschlossen, teilten die Geschichte der britischen Freimaurerei, also auch Spaltung und Wiedervereini-
gung der Altmaurer und Neumaurer. Einen großen Rück-
schlag erlebte die Freimaurerei nach der Vereinigung durch
die sog. Morgan-Affäre im Jahr 1826. Es ging um die Frage,
ob die Freimaurer den Autor einer Verräterschrift, den sie
entführt hatten, auch umgebracht hatten (Dierickx 1968:
60+107). Die Affäre führte zu Massenaustritten und erstma-

lig zur Gegnerschaft staatlicher Stellen. Die Großloge von
New York hatte 1827 zum Beispiel 227 Logen als Mitglieder,
1835 nur noch 41 (Lennhoff/Posner 1980: 1126).

Der schottische Ritus und der Oberste Rat

War die normale Freimaurerei Amerikas durchaus im Einklang mit der Entwicklung in Großbritannien, so ergab sich
doch eine Sonderentwicklung für den Bereich der Hochgrade, weil die USA zum Prisma der französischen und weltweiten Hochgradsysteme wurde. Seit 1740 waren in England, Irland, Deutschland und insbesondere in Frankreich immer
neue Hochgradsysteme entstanden.

«Erst nach 1782, mit dem ‹Wilhelmsbader Konvent›, begann langsam eine Reform. Man ging von den okkulten Be-
deutungen, die vielfach den Symbolen der drei sogenannten
Johannisgrade   gegeben wurde, wieder ab.» (Holtorf 1988:
31).

1801 wurde in Charleston der Oberste Rat des ‹Alten und
Angenommenen Schottischen Ritus› gegründet, dessen Riten
aus Frankreich stammten (Miers 1986: 1; vgl. das zu Frankreich Gesagte). 1804 erfolgte die Gründung des entsprechenden Rates in Frankreich (siehe dort). Der schottische Ritus
mit seinen 33 Graden ist heute das verbreitetste Hochgradsystem, das auf den drei Graden der üblichen Freimaurerei auf-
baut.

«Während den 3 Grundgraden der symbolischen Idee
‹Kind-Erwachsener-Alter› des einzelnen Menschen zugrunde
liegt, ist es bei den Hochgraden die Aufeinanderfolge der
philosophischen Entwicklung der ganzen Menschheit.»
(Miers 1986: 197)

schreibt Horst Miers. Andere gehen davon aus, daß in den
33 Graden die gesamte religiöse Entwicklung der Menschheit durchlaufen wird. Genaues läßt sich jedoch nicht sagen:

«Da das esoterische Lehrgut der Hochgrade strikt geheim-
gehalten wird, unterscheiden sie sich in den Augen des
Nichteingeweihten, der nur die Äußerlichkeiten sehen kann,
nicht von den drei Graden der landläufigen Freimaurerei ...»
(Miers 1986: 197).

Allerdings hat der amerikanische General Albert Pike
(1809-1891; vgl. Lennhoff/Posner 1980: 1210-1211) durch
ungezählte, teilweise sehr umfangreiche Schriften (vgl. Miers
1986: 320), allen voran seinen «Morals and Dogma ...» (Pike 1966), dem schottischen Ritus seine endgültige, heute allgemein verbindliche Fassung gegeben und dabei auch die
Grade beschrieben, so daß auch hier eher nur das Erlebnis,
nicht jedoch die Lehre und die Rituale geheim geblieben
sind.

G. Schweden mit Nordeuropa (einschließlich der Großen Landesloge in Deutschland)

Die christliche Maurerei in Skandinavien

Bereits 1735 wurde eine Loge in Stockholm ins Leben gerufen, die jedoch 1746 wieder einschlief (Mellor 1967: 123).
Ihr Gründer, der schwedische Arzt Karl Friedrich von Eckleff (1723-1789), stiftete neben einer Reihe von profanen
Bünden zusammen mit 28 weiteren Freimaurern am
25.12.1759 die schwedische Große Landesloge, deren erster
Großmeister er bis 1774 war (Miers 1986: 117). Die schwedische Freimaurerei arbeitete wie bald auch die Freimaurerei
in Norwegen und Dänemark nach einem ‹christlichen Ritter-
system›, das maßgeblich von dem Visionär Emanuel Swe-
denborg und der geistlichen Ritterschaft der Templer beeinflußt wurde (Dierickx 1968: 113). Über den drei Graden der
Johannislogen stehen 18 Grade der Andreaslogen. Seit Mitte

des 18. Jahrhunderts sind die skandinavischen Könige
Schirmherren der Landeslogen, häufiger auch Großmeister,
wie etwa zuletzt Gustav VI. Adolph (Mellor 1967: 124). Die
skandinavische Freimaurerei lehnte sich im Vokabular teilweise an die lutherische Umwelt an und nahm die meiste Zeit
ihrer Geschichte nur evangelische Mitglieder auf!

Die christliche Maurerei in Deutschland

1764 verkaufte Eckleff einige vermutlich von ihm selbst ver-
faßten ‹Akten› über das schwedische System an Wilhelm
Zinnendorf, der bei der Gründung der Großen Landesloge,
einem der deutschen Zusammenschlüsse von Großlogen, am
27.12.1770 (unter Rückdatierung auf den 24.6.1770) in Berlin das schwedische Ritual und die schwedische Ordenslehre
zur Grundlage machte (Miers 1986: 176+117).

«Die Große Landesloge vertritt ein christlich-religiöses
System, das mit der gesamten übrigen Freimaurerei in Widerspruch steht. Im Laufe der 200 Jahre ihres Bestehens hat
die Große Landesloge ihre Ordenslehre mehrfach geändert,
alte Dogmen durch neue ersetzt, aber immer wieder behauptet, ihre Freimaurerei sei die einzig richtige, wahre und echte
sowie auch älteste …» (Miers 1986: 176, Abkürzungen auf-
gelöst)

Die in Skandinavien und teilweise in Deutschland verbreitete ‹christliche› Maurerei (vgl. Lennhoff/Posner 1980: 275-
276) stand zeitweise in scharfer Auseinandersetzung mit der
sog. ‹humanitären› Maurerei, eine Auseinandersetzung, die
in diesem Jahrhundert in friedlichere Bahnen gelenkt wurde
und inzwischen kaum noch von Bedeutung ist. Lagutt
schreibt:

«Im Gegensatz zu den humanitär gerichteten Logen, welche die überwiegende Mehrzahl der Bauhütten bilden, stehen
die schon andern Orts erwähnten ‹christlichen› Logen. Sie

sind fast ausschließlich in Deutschland und Skandinavien beheimatet. Wie sich aus dem Namen schließen läßt, verlangen sie von ihren Angehörigen ein offenes Bekenntnis zum Christentum, auch wenn sich dieses wiederum von einem kirchlichen unterscheidet.» (Lagutt 1958: 123)

Er fügt jedoch hinzu:

«In den Grundlagen besteht zwischen der humanitären und der ‹christlichen› Maurerei kein Unterschied.» (ebd. 123)

H. Preußen mit den deutschsprachigen Ländern

Erste Logen im deutschsprachigen Bereich

Neben der christlichen Freimaurerei in Deutschland stand die bestimmende humanitäre Freimaurerei.

«Für Deutschland ist der Versuch typisch, die Freimaurerei philosophisch zu fassen. … bestimmend wurde der Geist der klassischen Periode, verkörpert in Brüdern wie Lessing, Goethe, Herder, Wieland, Fichte, Klopstock, Claudius, Körner, Haydn, Mozart, auf staatspolitischem und militärischem Gebiet Frhr. vom Stein, Hardenberg, Blücher, Gneisenau u.a.» (Schenkel 1986: 1116)

1727 gründete Albrecht Wolfgang zur Lippe, «der erste uns bekannte Maurer der ‹hannoverischen Lehrart›» (Oslo 1988: 312) eine Loge in Mannheim (ebd.)

Bereits 1733 wurde von London aus eine Loge in Hamburg gegründet, die jedoch wieder einschlief (Demeter 1967: 19). Am 6.12.1737 wurde erneut eine Loge in Hamburg gegründet, die 1740 in London eingetragen wurde und seit 1765 (Mellor 1967: 118) den Namen ‹Loge Absalom zu den drei Nesseln› führte (vgl. die nicht besonders ergiebige Festschrift Zeitz 1957).

1740 wurde die Loge ‹Zu den drei Weltkugeln› in Berlin gegründet, die 1744 zur Großloge wurde.

1741 folgte die Großloge ‹Zur Sonne› in Bayreuth (Selbstdarstellung der Geschichte: Beyer 1954a, Beyer 1954b, Beyer 1955).

1742 folgte die Frankfurter ‹Loge zur Einigkeit› (vgl. ihre Geschichte bei Demeter 1967), die erste bürgerliche Loge, die nicht von Herrschern protektioniert wurde.

(Vgl. die 4 Karten zur Ausbreitung der Freimaurerlogen im Bereich des Deutschen Reiches bei Reinalter 1989: 116-127.)

Österreich

Wie schon erwähnt, war der Ehemann von Maria Theresia das erste freimaurerische Mitglied eines Herrscherhauses, was zugleich der Beginn der österreichischen Freimaurerei war. Die päpstliche Bannbulle von 1738 wurde als Folge in Österreich gar nicht bekannt gemacht (Lennhoff/Posner 1980: 1175). Nach der preußischen Eroberung Schlesiens wurden in Breslau eine Loge und von Breslau aus 1742 die erste österreichische Loge in Wien gegründet. Maria Theresia ging jedoch aus Sorge vor dem freimaurerischen Einfluß auf ihren Kriegsgegner Preußen mit einem Verbot 1743 scharf gegen die Freimaurer vor, obwohl ihr Ehemann 1745 ebenfalls Kaiser wurde und im geheimen «die Alchimie und Magie in einem Kreis» pflegte (Mellor 1967: 122). Sein Sohn Josef II. gehörte zwar nicht den Freimaurern an, aber unter seiner Herrschaft blühte die Freimaurerei enorm auf. Ungezählte bedeutende Männer gehörten den Logen an, unter ihnen auch Mozart. So kann Johann Baptist Pfeilschifter für das ausgehende 18. Jahrhundert eine stattliche Anzahl von österreichischen Hofbeamten aus verschiedenen Zeiten auflisten (Pfeilschifter 1868: 60-65). Joseph II. beschränkte jedoch 1785 die Freimaurerarbeit stark, und seine Nachfolger hemmten die Entwicklung durch polizeiliche Überwachung. Für die Geschichte der internationalen Freimaurerei blieb nur die Blütezeit unter Joseph II. von Bedeutung (vgl. Alpina 1981; Pfeilschifter 1868).

Preußen

Die stürmische Entwicklung im deutschsprachigen Bereich hätte es sicher nicht ohne die starke Protektion durch Mitglieder der Herrscherhäuser gegeben. Die meisten Logen wurden nicht ordnungsgemäß von London aus eingesetzt, aber doch stillschweigend geduldet, weil sie von Herrschern oder ihren Familien gegründet worden waren.

Keine Aufnahme dürfte jedoch solch eine entscheidende Rolle gespielt haben, wie die trotz aller Wachsamkeit seines Vaters heimlich erfolgte Aufnahme des preußischen Kronprinzen Friedrich 1738 in Braunschweig durch die Hamburger Loge, die erst dadurch ihre Bedeutung erlangte. Friedrich bestieg unerwartet schon zwei Jahre später als Friedrich II. den preußischen Thron und förderte seitdem die Freimaurerei, wo er nur konnte, zumal viele seiner Freunde wie Voltaire und seine drei Brüder (Lennhoff/Posner 1980: 708) ebenfalls Freimaurer waren.

Noch vor der Thronbesteigung gründete er 1739 eine namenlose Loge, aus der 1740 die Loge ‹Zu den drei Weltkugeln› (‹Aux trois Globes›) hervorging, die abwechselnd deutsch und französisch ‹arbeitete›. Die Loge wurde 1744 in einer Großloge mit dem Namen ‹Große Königliche Mutterloge zu den drei Weltkugeln› erhoben.

In Berlin wurden 1770 noch die bereits erwähnte Große Landesloge und 1798 die ‹Große Loge von Preußen Royal York zur Freundschaft› gegründet, die ebenfalls von den preußischen Herrschern unter ihren Schutz genommen wurden. Die drei Berliner Großlogen arbeiteten seit 1810 im Großmeisterverein zusammen, bis 1872 der Deutsche Großlogenbund gegründet wurde.

Eine maßgebliche Rolle spielte eine Zeitlang die sog. ‹Strikte Observanz›, ein Hochgradsystem, das wohl in Frankreich entstand, aber von Karl Gotthelf Reichsfreiherr von Hund auf Altengrotkau maßgeblich verbreitet wurde (Lennhoff/Posner 1980: 1520-1521). Es wollte das mittelalterliche Templertum wiederbeleben und umfaßte theoretisch die ganze Erde. 1779 sagte sich die Großloge ‹Zu den drei Weltkugeln› von der Strikten Observanz los, und 1782 scheiterte beim ‹Wilhelmsbader Konvent› der Versuch, die Strikte Observanz wieder unter Kontrolle zu bringen.

Von der Aufnahme des Kronprinzen Friedrich an war die Geschichte der deutschen Freimaurerei bis zu Wilhelm II., der kein Freimaurer mehr war, eng mit dem preußischen Herrscherhaus und seinen Beamten verbunden. Dies galt vor allem für die Auseinandersetzungen um die Freimaurerei.

«Als Hengstenberg 1854 die Freimaurerei angriff, stieß er auf erbitterten Widerstand des preußischen Königs, späteren Kaisers Wilhelm I., der schon als Prinz Protektor der preußischen Freimaurerei war. Nicht weniger entschieden war sein Sohn Friedrich III. Freimaurer (seit 1853). Die preußischen Könige (vor Wilhelm II.) vereinigten in Personalunion das Amt des Summus Episcopus in der Kirche und des Protektors der Großlogen.» (Schenkel 1986: 1116; vgl. Hengstenberg 1854)

Große Bedeutung erlangten die Auseinandersetzungen mit der Freimaurerei seitens der sog. Kreuzzeitungspartei, der Brüder v. Gerlach, des orthodox-lutherischen Professors Hengstenberg und des Pietisten Dietrich von Oertzen in der zweiten Hälfte des 19. Jahrhunderts (vgl. aus freimaurerischer Sicht: Otto Kuntzemüller, «Die Angriffe gegen die

Freimaurerei» in: Stern von Bethlehem 1981: 140-169, hier 150-154; vgl. Hengstenberg 1854 und wesentlich zurückhaltender der Pietist Oertzen 1892).

Nach der Reichsgründung von 1871 setzte der Einigungsprozeß in Deutschland auch für die Freimaurer ein (Dierickx 1968: 111-112). Der Kaiser und sein Sohn, der spätere Kaiser Friedrich III., stellten den deutschen Großlogenbund unter ihren Schutz, ja Friedrich war seit 1860 Großmeister der Großen Landesloge.

1949 schlossen sich neun Großlogen zur ‹Vereinigten Großloge …› zusammen und erkannten die englischen Grundsätze von 1929 an. 1958 schloß sich die letzte eigenständige ‹Obödienz› des christlichen Ritus der Vereinigten Großloge an (Mellor 1967: 120).

V. Christentum und Freimaurerei

A. Einführung

Wie stellen sich Christen zur Freimaurerei? Die christlichen Kirchen haben im Laufe der Geschichte recht unterschiedliche Antworten gegeben. In Preußen und Großbritannien wie auch in anderen Ländern waren es die formellen Oberhäupter der evangelischen Kirchen, die zugleich der Freimaurerei vorstanden und in Großbritannien nicht nur das Königshaus, sondern ungezählte Bischöfe und Erzbischöfe der anglikanischen Kirche, die einer Freimaurerloge angehörten, ganz abgesehen davon, daß zwei Geistliche am Anfang der Geschichte der Freimaurer ab 1717 stehen. Zugleich wurde etwa in Preußen die Freimaurerei heftig von dem einflußreichen Lutheraner Hengstenberg (Hengstenberg 1854) und moderater von dem Pietisten Dietrich von Oertzen (Oertzen 1892) angegriffen, wie wir schon gesehen haben.

Im alten katholischen Kirchenrecht wurde die Mitgliedschaft in einer Freimaurerloge mit der Exkommunikation belegt, und es gibt zahllose katholische Schriften gegen die Freimaurer (z.B. Ketteler 1865). Im neuen Kirchenrecht von 1983 wurde dieser Passus gestrichen, was viele Freimaurer und Kardinäle als großen Sieg feiern (z.B. Baresch 1984; vgl. das Geleitwort von Kardinal König), konservative Katholiken dagegen als Inbegriff des Abfalls des Papstes und der Kurie sehen (z.B. Wigand 1985). Während das Verbot zum Teil auch sehr streng in die Praxis umgesetzt wurde, können verschiedene Autoren gleichzeitig eine lange Liste von katholischen Würdenträgern vom Bischof aufwärts auflisten, die einer Freimaurerloge angehörten (z.B. Baresch 1984; Oslo 1988: 396). Welche Position von Papst Pius IX. war die richtige: seine Logenmitgliedschaft als Bischof oder sein heftiger Kampf gegen die Freimaurer als Papst, nachdem er aus der Loge ausgetreten war (Nietsche 1881: 34-35)?

Auch im evangelikalen Bereich ist die Stellung zur Freimaurerei recht unterschiedlich. Einerseits gibt es viele Freikirchen, die gegen eine Mitgliedschaft in einer Loge nichts einzuwenden haben. Wenn überhaupt, so ist die Ablehnung der Freimaurerei örtlich gegeben. Eine Unvereinbarkeitserklärung einer Mitgliedschaft in ihrer Kirche mit einer Logenmitgliedschaft haben meines Wissens nur die Synoden dreier Kirchen ausgesprochen, die an der Irrtumslosigkeit der Bibel festhalten, nämlich eine lutherische (Text: Lutheran Church 1982) und zwei reformierte Kirchen (Texte: Orthodox Presbyterian Church 1942; Christian Reformed Church 1974) in den USA. Daneben gibt es allerdings eine stattliche Zahl von evangelikalen Schriften gegen die Freimaurer (z.B. Knight 1986; McCormick 1984; North 1989; Rainsbury 1986; Rongstad 1977; Sorms 1984; De Velde 1982; Byers 1989; Ankerberg/Welden 1989 (2x); Ankerberg/Welden 1990).

B. Die Beurteilung hängt vom Verständnis des Christentums ab

Daß eine Beurteilung des Verhältnisses des Christentums zur Freimaurerei davon abhängt, welches Christentum und welche Freimaurerei man meint, muß nicht näher begründet werden. Es wurde bereits im 3. Kapitel darauf hingewiesen, daß eine ins Einzelne gehende Beurteilung für die unterschiedlichen Bereiche der Maurerei getrennt erfolgen muß, da etwa zwischen dem Anhänger eines Hochgradsystems, der dieses noch mit spiritistischen Übungen verbindet, und einem atheistischen Angehörigen einer französischen Loge doch erhebliche Unterschiede bestehen. Wir wollen im folgenden deswegen nur auf allgemeine Grundsätze zu sprechen kommen, die mehrere Systeme verbinden und die atheistische Variante nur indirekt mitbehandeln.

Welche Rolle die Frage spielt, was man eigentlich unter Christentum versteht, mag ein Beispiel verdeutlichen. Die Freimaurerei ist keine Offenbarungsreligion und mißt deswegen in der Regel dem Alten Testament (natürlich auch dem Neuen) keinen Offenbarungscharakter zu, sondern sieht in ihm ein würdiges Buch, das die Menschheitsgeschichte mitgeprägt hat. Wer nun ein Christentum vertritt, das ebenso nicht davon ausgeht, daß sich der Schöpfer offenbart hat, sondern das Alte Testament als Ergebnis des Nachsinnens über Menschheitsfragen ansieht, wird an dieser Stelle keinen Widerspruch zwischen Maurerei und Christentum sehen. Wer jedoch davon ausgeht, daß sich der Schöpfer tatsächlich Menschen offenbart und dies verbindlich schriftlich festgelegt wurde, muß die Position der Maurerei als Infragestellung seines Christseins verstehen. Wer die Dreieinigkeit Gottes als tatsächliche Wesensbeschreibungen Gottes ansieht, wird die Verehrung anderer monotheistischer Götter als unannehmbar ansehen, wer die Dreieinigkeit jedoch nur für eine philosophische Beschreibung ansieht, die vielleicht irgendeine Wahrheit vermittelt, nicht jedoch das Wesen Gottes unwiderruflich erfaßt, wird es leichter haben, die Verehrung der monotheistischen Religionen wie Lessing auf eine Stufe zu stellen. *Das Urteil eines Christen über die Maurerei gibt deswegen meist mehr Aufschluß über sein Christentumsverständnis, als über die Freimaurerei.* Deswegen ist das Neue bei Lessing, Herder oder Fichte nicht, daß sie sich für die Maurerei einsetzten, sondern ihr Verständnis des Christentums, dessen Urkunde sie als wichtige Quelle, jedoch nicht als göttlich inspiriertes Wort verstanden.

So wird manchem sicher auch die folgende Beurteilung der Freimaurerei zumindest so viel über den Glauben des Autors offenbaren, wie über die Freimaurerei. Es sei noch ausdrücklich darauf hingewiesen, daß wir bewußt darauf verzichten, ‹historische› Argumente gegen die Freimaurerei vorzubringen. Sicher ist es für eine richtige Einordnung der Weltgeschichte der letzten Jahrhunderte ebenso unabdingbar wie für die Religionsgeschichte dieser Zeit bis in den Bereich des Pietismus hinein, den ungeheuren Einfluß der Logen zu kennen und zu werten. Doch kann daraus nicht der grundlegende Unterschied zwischen Christentum und Freimaurerei abgeleitet werden. So könnte man etwa darauf verweisen, daß viele Revolutionäre Logen angehörten, wie dies etwa im letzten Jahrhundert oft kritisch vorgebracht wurde. Doch was ist mit solchen Argumenten gewonnen? Wie oft stürzten diese Revolutionäre Könige und Herrscher, die ebenfalls Freimaurer waren! Die Auseinandersetzung muß sich auf einer grundlegenderen Ebene vollziehen.

C. Die Freimaurerei ist eine Religion

Sicher hat es immer wieder Freimaurer gegeben, die behaupteten, die Freimaurerei sei keine Religion (z.B. Lennhoff/Posner 1980: 1302). Andere, wie Lessing, Fichte und Herder, gingen davon aus, daß die Freimaurerei keine Religion sei, sondern sie nur religiös handle. Doch stellt sich meist bei genauerem Hinsehen heraus, daß damit nur gemeint ist, daß die Freimaurerei über allen Religionen steht und mehr als eine Religion ist. Man kann aber freimaureri-

sche Stimmen für und gegen den Religionscharakter der Freimaurerei sammeln (so Rongstad 1977: 11).

Viele Freimaurer geben dagegen unumwunden zu, daß es
sich um eine Religion handelt. Der Begründer des Pike-Ritus
Albert Pike schreibt in seinem monumentalen Werk «Morals
and Dogmas of the Ancient and Accepted Scottish Rite of
Freemasonry»:

«Jede maurerische Loge ist ein Tempel der Religion und
ihre Lehren und Anweisungen sind Religion.» (Pike 1966:
213)

und etwas später:

«Sie ist die universale, ewige, unveränderliche Religion,
wie sie Gott in das Herz der universalen Menschheit ge-
pflanzt hat:» (Pike 1966: 219)

Die Orthodox Presbyterian Church in den USA stellt in ihrem Unvereinbarkeitsbeschluß weitere Beispiele führender
Freimaurer zusammen:

«Ich halte die Freimaurerei für eine Schule der Mystik, die
genügend organisiert ist, um sie als Religion zu bezeichnen.»
(J. S. M. Ward)

«Die Versammlung einer maurerischen Loge ist streng eine religiöse Zeremonie. Die religiösen Inhalte der Maurerei
sind zahlenmäßig, wenig, einfach, aber grundlegend. Keine
Loge oder maurerische Versammlung kann ohne Gebet regulär geöffnet und geschlossen werden.» (T. S. Webb)

«Die Freimaurerei ist betontermaßen eine religiöse Institution; sie lehrt die Existenz Gottes.» (A. G. Mackey)

«Die Wahrheit ist, daß die Maurerei eine religiöse Institution ist. Ihre Religion ist von der universalen Art, in der alle
Menschen übereinstimmen.» (derselbe; alle Zitate aus Orthodox Presbyterian Church 1942: 7-8)

Es würde zu weit führen, alle Argumente aufzulisten, die
für den Religionscharakter der Freimaurerei sprechen, der

ganz unabhängig davon ist, ob dieser von Freimaurern zugestanden wird oder nicht. Man glaubt an einen ‹Baumeister des Universums›, sorgt sich um das Leben nach dem Tod, betet, singt und strebt nach ‹Erkenntnis›. Die Maurerei gibt dem Menschen den Sinn der Weltgeschichte und des einzelnen Lebens vor, wie dies alle Religionen tun. Daß die Freimaurer problemlos Symbole und Elemente zahlreicher Religionen und religiöser Strömungen übernehmen können, hängt damit zusammen, daß sie selbst eine Religion vertreten. Wer je bei einer freimaurerischen Beerdigung dabei gewesen ist, weiß, daß dort nicht nur rituelle und persönliche Gebete gesprochen werden, sondern der Meister vom Stuhl auch «die Benediktion des ewigen Friedens» spricht (Lennhoff/Posner 1980: 145; Begräbnisrituale ebd. 143-146).

D. Kritik der Freimaurerei aus christlicher Sicht

Wenn die Freimaurerei eine Religion ist, ist die Frage ihrer Vereinbarkeit mit dem Christentum nichts anderes als die Frage der Vereinbarkeit zweier bestimmter Religionen. Es geht also nicht um die Frage, ob man neben seiner Zugehörigkeit zu einer Religion einer völlig andersgearteten Beschäftigung in den Logen nachgehen kann, sondern ob zwei Religionen, die man gleichzeitig wertschätzen will oder denen man gleichzeitig angehört, miteinander vereinbar sind. Deswegen hat die Frage der Vereinbarkeit des Christentums mit der Freimaurerei keinen anderen Charakter als die Frage der Vereinbarkeit des Christentums etwa mit dem Islam oder dem Hinduismus. Dies sei ausdrücklich betont, weil oft von beiden Seiten der Eindruck erweckt wird, als gehe es in der Auseinandersetzung zwischen Christentum und Freimaurerei

um eine besonders schmerzliche, hochdramatische oder au-
ßergewöhnliche Sache. Auch die Tatsache, daß die Freimaurerei das Christentum in ihr System eingebaut hat und deswegen der Vereinbarkeit offener gegenübersteht (gleichzeitig
die Freimaurerei aber für über den Religionen stehend hält)
als das Christentum, ist nichts Neues. Auch der Hinduismus
kann vom Charakter seiner Religion her Christus und überhaupt andere Religionen leichter in seine Religion einordnen,
als das Christentum hinduistische Götter.

1. Die Freimaurerei ist synkretistisch

Der biblische Gott wird zu Beginn der 10 Gebote gerade als
ein Gott vorgestellt, der keine anderen Götter neben sich dul-
det. Die Maurerei dagegen stellt alle Götter auf eine Stufe
und geht davon aus, daß es sich letztlich immer nur um denselben Gott handelt. Damit wird der die ganze Bibel durch-
ziehende Aufruf, sich von anderen Göttern fernzuhalten, ge-
genstandslos, weil es ja gar keine anderen Götter gibt. Wer
im Römerbrief die Stellungnahme zu den anderen Religionen
in Kapitel 1 leugnet, hat dem ganzen Brief und seiner Botschaft den Boden und die Begründung entzogen.

Einige Zitate mögen belegen, daß die Maurerei alle Religionen auf eine Stufe stellt.

«Die Arbeit des Freimaurerbundes wird durch einen Tempelbau versinnbildlicht. Wir bauen den unsichtbaren Tempel
der Verehrung Gottes im Geist. Das Fundament dieses Tempels kann kein anderes sein, als der aller Religion zu Grunde
liegende Glaube an Gott und an eine höhere, über die Erde
hinausreichende Bestimmung des Menschen.» (Friedrich
Holtschmidt in: Stern von Bethlehem 1981: 362)

«Wie der Einzelne sein Verhältnis zu Gott gestaltet, ist und
bleibt ureigenste, persönliche Angelegenheit. Ob er als frommer Christ dem Weltganzen eine dreifaltige Gottheit zugrun-

de legt, ob einer im Sinne des Judentums in der Gottheit den alttestamentlichen ‹Herrn der Welt› erkennt, ob er als Moslim Allah seine Verehrung zollt, als Hindu seinen Gottheiten, bleibt jedem unbenommen.» (Lagutt 1958: 105)

«Dieses allein ist die Arbeit des Freimaurerbundes. Er will, jeden Gottesdienst ehrend, keine Altäre umstürzen, aber alle Menschen will er sammeln zum Reiche Gottes und damit zur Seligkeit im Leben und Sterben. Alle Gotteshäuser der Erde sollen geistig verbunden werden durch ein Allerheiligstes, wo wir beten miteinander zu dem einen Gott …» (Friedrich Holtschmidt in Stern von Bethlehem 1981: 2)

«In den Logen des außerchristlichen Raumes, in den Ländern des Islams oder in Indien, liegt nicht die Bibel auf, sondern das Buch der betreffenden Religion. Bei den Mohammedanern somit der Koran, bei den Hindus die Veden usw.» (Lagutt 1958: 121)

«Sind Christen anwesend, so liegt naturgemäß die Bibel auf. So kann es vorkommen, daß in einer Loge Bibel, Koran und Veden gleichzeitig aufliegen.» (ebd. 122)

Außerhalb der regulären Freimaurerei wird das am offensichtlichsten bei der Einweihung in den 19. Grad des schottischen Ritus, bei dem der bis dahin unbekannte Name des Großen Baumeisters des Universums als ‹Jahbulon› oder ‹J.B.O.› offenbart wird, was die Kurzform von Jahwe-Baal-Osiris ist (De Velde 1982: 279; Storms 1980: 7-8). Angesichts der wichtigen Rolle, die im Alten Testament der Kampf gegen den Synkretismus von Baal und Jahwe, etwa im Gottesurteil auf dem Karmel zur Zeit Elias, und der Kampf des Synkretismus der ägyptischen Götter und Jahwe, etwa im Falle des Goldenen Kalbes, spielt, kann man sich kaum eine deutlichere Absage an den biblischen Gott denken, als gerade diese beiden Arten des Synkretismus zu fordern.

Selbst wenn die Freimaurerei für sich genommen mit dem Christentum vereinbar wäre, übernimmt sie so viele Elemente anderer mystischer, magischer und religiöser Richtungen und bringt ihre Mitglieder damit in Kontakt, daß eine Ablehnung einer solchen Richtung automatisch auch bedeutet, sich von der Loge fernzuhalten. Wer zum Beispiel die Astrologie ablehnt, wird auch die Freimaurerei ablehnen müssen, die dort eine Rolle spielt. Das Internationale Freimaurerlexikon schreibt etwa:

«Der Tierkreis wird gerne zur Ausschmückung der Maurertempel verwendet und schmückt den Himmel des Tempels.» (Lennhoff/Posner 1980: 1754)

2. Die Freimaurerei ist absolut

Die Freimaurerei stellt jedoch nicht nur alle Religionen auf eine Stufe, sondern geht davon aus, daß sie selbst eine Überhöhung aller Religionen ist und damit über ihnen, also auch über dem Christentum, steht. Man könnte meinen, daß eine synkretistische Religion keinen Absolutheitsanspruch erheben könnte. Aber weit gefehlt: Man kann einerseits tolerant gegen jedermann sein und doch andererseits intolerant die verurteilen, die diese Toleranz nicht teilen wollen. Man kann aber auch tolerant und synkretistisch allen anderen Religionen eine bestimmte Rolle zuweisen und die eigene Religion dieser Rolle der anderen Religionen für überlegen halten, wie es die Freimaurer tun. Religionen sind gut, so sagen die Freimaurer, aber die einzig wahre Religion hinter allen Religionen ist die Freimaurerei. Nur deswegen genügen ihnen die Religionen ja nicht, aus denen sie kommen. Es handelt sich aus unserer Sicht nicht um Polemik, sondern um ein Ernstnehmen des Anliegens der Freimaurer, wenn man davon ausgeht, daß sie etwas zusammenführt, was bei den Religionen, aus denen sie kommen, fehlt und vermißt wird und daß es sich bei diesem Fehlenden um das Eigentliche handelt. Damit ist für uns aber zum Ausdruck gebracht, daß das ‹Eigentliche› nicht in den Religionen und auch nicht im Christentum zu finden ist.

James Putt drückt dies in seiner Kritik der Freimaurer so aus: «Die Maurerei nimmt in Anspruch, das Wesen (die Essenz) aller Religionen zu sein. Sie hütet die allerälteste esoterische Anbetung. Sie zielt auf eine universale Religion auf der Basis der religiösen Ausstrahlung des Menschen hin.» (zitiert nach Orthodox Presbyterian Church 1942: 9)

3. Die Freimaurerei ist bibel-kritisch

Die Freimaurerei ist ‹anti-biblisch›, weil sie die Bibel zwar nicht direkt angreift, sie aber synkretistisch zu einer beliebigen Vorstufe zur alles überhöhenden Religion der Freimaurer macht. Daß hinter den netten Worten über die Bibel letztlich eine Ablehnung des Inhaltes der Bibel steht, zeigt etwa folgendes Zitat:

«Die Freimaurerei will in ihren Dokumenten und Riten bibeltreu sein, aber eben nicht im Sinn eines konfessionellen Dogmas, sondern in der Freiheit und Weite eines gläubigen Laientums, das einfach die Konsequenzen aus der Botschaft vom Vatergott und dem Brudergebot zieht.» (Schenkel 1986: 1113)

Das Freimaurerlexikon bekennt kurz und bündig:

«Die Bibel hat in den heutigen Freimaurerlogen keinerlei dogmatische, sondern ausschließlich symbolische Bedeutung.» (Art. ‹Bibel›, Lennhoff/Posner 1980: 175; ähnlich Mackey 1966: ct. ‹Bibel›)

Ein Christ, der die Bibel für göttliche Offenbarung hält und sein Leben danach ausrichtet, soll also akzeptieren, daß die Freimaurer gar nichts gegen die Bibel haben, weil sie dem Buch symbolische Bedeutung zumessen, während ihnen der Inhalt gleichgültig ist? Ein Christ, für den die Bibel ebenfalls nur symbolische Bedeutung hat, wird sich natürlich schnell mit der freimaurerischen Deutung der Bibel als Symbol einigen können.

Der Durchbruch der Logen war geschichtlich erst möglich, nachdem die Kritik der Evangelien, des Lebens Jesu und schließlich der ganzen Bibel den Weg für die Sicht frei gemacht hatte, daß alle Religionen gleichermaßen Fehler und Wahrheit enthalten, wofür Lessing sicher das berühmteste Beispiel ist. Ohne Lessings Einsatz für die Bibelkritik hätte es ‹Nathan der Weise› nie geben können.

Unser Thema ist hier nicht die Frage, ob die Bibel göttliche Offenbarung ist oder nicht, auch wenn wir dies persönlich bejahen. Unser Thema ist vielmehr die Frage nach der Vereinbarkeit oder Unvereinbarkeit von Christentum und Freimaurerei. Selbst wer die Bibel für kritikwürdig hält, sollte Christen zugestehen, daß sie nicht folgen können, wenn ihnen erklärt wird, daß die Maurerei gar nichts gegen die Bibel habe, während man gleichzeitig der Bibel nur eine Rolle unter anderen zugesteht, ihren Inhalt in Frage stellt und sich zahlreiche berühmte Maurer intensiv für die Entstehung und Ausbreitung der modernen Bibelkritik eingesetzt haben.

Einige Zitate aus dem Buch «Stern zu Bethlehem» mögen zeigen, wie man sich zwar auf Jesus beruft, die in den Evangelien zu findenden Lehren jedoch ablehnt beziehungsweise bis auf einen Kern zusammenstreicht, der im Sinne der Freimaurer ausgelegt wird. Das Buch ist von ‹christlichen› Maurern geschrieben. ‹Humanitäre› Maurer würden Jesus sicher selbst die im folgenden beschriebene Stellung nicht zugestehen:

«Zweck des Freimaurerbundes ist, in allen confessionellen Trennungen eine auserlesene Gemeinde derer zu bilden, welche auf Grund des ursprünglichen dogmenlosen, nur auf die Lehre Jesu begründeten Christenthums das von Jesu verkündete Reich Gottes ausbauen, in der von Jesu gelehrten und vorgelebten Gotteskindschaft ein hohes, im Lichte göttlichen Lebens verklärtes Menschenthum weiter vorleben und zur Erscheinung bringen sollte.» (Friedrich Holtschmidt in: Stern von Bethlehem 1981: 198)

W. Dahl geht in seinem Beitrag «Urchristentum und Freimaurerei» davon aus, daß wahres Christentum gar keine Lehren vertreten kann: «Der Stifter der christlichen Kirche hat seinen Jüngern kein fertiges Lehrsystem hinterlassen ...» (ebd. 3)

Der Freimaurer J. Bertrand drückt es in seinem Beitrag «Freimaurerei und Christentum» etwas anders aus:

«Der Grund, worauf die Freimaurerei ruht, ist aber reines, von jeder späteren Um- und Ausgestaltung freies, von jedem Glaubens- und Lehrsatz unbeeinflußtes Christenthum.» (ebd. 73)

Dieses eigentliche Christentum meint auch Friedrich Holtschmidt, wenn er schreibt:

«Das einzig mögliche und einzig zutreffende Programm ist die Lehre Jesu vom Reich Gottes.» (ebd. 81)

und an anderer Stelle:

«Der Grundgedanke des Freimaurerbundes ist identisch mit der Lehre Jesu von einem Reiche Gottes auf Erden.» (ebd. 131)

Genauso heißt es im Gründungsprotokoll des Einheitsbundes deutscher Freimaurer von 1897:

«So sind wir denn ... zurückgegangen auf die Quelle selbst, aus der auch das Humanitätsprincip entsprungen ist, auf die Quelle, die uns den Grundgedanken der Freimaurerei in voller Klarheit liefert, das ist die Lehre Jesu von einem Reiche Gottes auf Erden, einem Reiche, das alle Gott suchenden Herzen in sich vereint zur Verehrung Gottes im Geist und in der Wahrheit.» (ebd. 93 ohne Hervorhebung)

Zum besseren Verständnis sei auf Lagutts Darstellung des

Unterschiedes zwischen humanitärer und christlicher Maurerei verwiesen:

«Im Gegensatz zu den humanitär gerichteten Logen, welche die überwiegende Mehrzahl der Bauhütten bilden, stehen die schon andern Orts erwähnten ‹christlichen› Logen. Sie sind fast ausschließlich in Deutschland und Skandinavien beheimatet. Wie sich aus dem Namen schließen läßt, verlangen sie von ihren Angehörigen ein offenes Bekenntnis zum Christentum, auch wenn sich dieses wiederum von einem kirchlichen unterscheidet. ... In den Grundlagen besteht zwischen der humanitären und der ‹christlichen› Maurerei kein Unterschied.» (Lagutt 1958: 123)

4. Die Freimaurerei ist deistisch

In der Bibel ist Gott ein Gott, der die Welt nicht nur erschaffen hat, sondern ununterbrochen in die Geschichte des Einzelnen, der Völker und der ganzen Welt eingreift. Deswegen muß sich die ganze Welt ständig vor ihm verantworten. Der Deismus dagegen lehrte und lehrt, daß Gott die Welt zwar in Gang gesetzt hat, nun aber sich selbst überläßt, und die Menschen einen freien Willen unabhängig vom Wirken Gottes haben.

Man vergleiche etwa als Beleg die folgende Beschreibung des freimaurerischen Gottesbildes:

«Die Gottheit, das große weltschöpferische und welterhaltende Prinzip, wird innerhalb der Freimaurerei im Bilde des ‹allmächtigen Baumeisters der Welten› verehrt. ... Im Bau offenbart sich das Innere des Baumeisters, des Architekten. Im Weltganzen offenbart sich die Gottheit.» (Lagutt 1958: 105)

mit einem kritischen Kommentar aus christlicher Sicht:

«... der Gott der Freimaurerei ist nicht der Schöpfergott der Christen. Der Architekt konstruiert mit Material, das er nicht geschaffen hat, sondern das er bereits geschaffen vorfindet; der Schöpfer plant den Aufbau der Welt nicht mit bereits vorhandenem oder geschaffenem Material sondern mit Material, das er selbst aus dem Nichts geschaffen hat.» (zitiert nach Rushdoony 1989: 16)

5. Die Freimaurerei ist evolutionistisch

Eng mit dem deistischen Gottesbild hängt zusammen, daß die Freimaurerei die Entstehung und Geschichte der Welt evolutionistisch versteht. Damit wird nicht nur die Schöpfung in Frage gestellt, sondern auch eine allmähliche Entwicklung zum Guten angenommen. Das Freimaurerlexikon bekennt kurz und bündig:

«Die Auffassung der Freimaurerei ist evolutionistisch.» (Lennhoff/Posner 1980: 455; vgl. auch Frick 1975: 10-12)

Für einen persönlichen Schöpfergott, der in Gericht und Gnade über den Menschen waltet, ist in der Freimaurerei kein Platz.

James Putt drückt dies in seiner Kritik der Freimaurer so aus:

«Die Maurerei … hütet die allerälteste esoterische Anbetung. Sie zielt auf eine universale Religion auf der Basis der religiösen Ausstrahlung des Menschen hin. Sie ist naturalistisch und evolutionistisch, statt supernaturalistisch und auf Offenbarung gegründet zu sein.» (zitiert nach Orthodox Presbyterian Church 1942: 9)

Dementsprechend wird das persönliche Heil des Menschen auch nicht ‹geschaffen›, wie dies in der Bibel der Fall ist, in der die geistliche Neuschöpfung des Menschen, der das Opfer Jesu in Anspruch nimmt, mit denselben Begriffen beschrieben wird, wie die natürliche Schöpfung. Das Heil wird nicht von Gott geschaffen, sondern in einer allmählichen Aufwärtsentwicklung vom einzelnen Menschen und von der ganzen Menschheit erwirkt. Dies steht natürlich im

Einklang mit dem humanistischen Heilsweg, der unten besprochen wird.

6. Die Freimaurerei ist unitarisch und antitrinitarisch

Der Gott der Bibel ist ein dreieiniger Gott. Nur so konnte er schon Liebe sein, bevor die Welt erschaffen wurde. Nur so konnte Gott seinen Sohn Jesus Christus in die Welt senden. Die Freimaurer werten das Christentum als monotheistische Religion. Ihr Gottesbegriff ist dabei rein unitarisch. Die Aufnahme islamischer Symbolik, islamischer Namen und moscheeartiger ‹Tempel› ist gerade in den USA weit verbreitet (De Velde 1982: 281) und dokumentiert in diesem nicht islamischen Land, daß die Maurer mit dem islamischen Monotheismus mehr anfangen können, als mit dem trinitarischen Monotheismus des Christentums.

Dies kommt auch darin zum Ausdruck, daß sie wie der Islam Jesus zwar eine große Rolle in der Geschichte einräumen, ihn jedoch nicht als Gott anerkennen. Dies wurde schon in einigen Zitaten zum 3. Punkt deutlich. So wird in den Logen zwar zu Gott, nicht aber zu Jesus gebetet. Der Großmeister von England, der Duke of Sussex, sorgte ab 1913 endgültig dafür, daß der Name von Jesus Christus in den Gebeten nicht mehr verwendet wurde und wird (Rongstad 1977: 10).

Albert G. Mackey schreibt in seinem Lexikon der Freimaurerei:

«Es ist einem christlichen Maurer nicht erlaubt, seine eigenen, besonderen Meinungen bezüglich des Mittleramtes Christi in die Loge einzuführen.» (Mackey 1966: 404)

Wenn im 19. Hochgrad des schottischen Ritus der Kandidat gesalbt und mit den Worten begrüßt wird: «Du sollst ein Priester in Ewigkeit sein, nach der Ordnung Melchisedek» (McCormick 1987: 11), so fällt es schwer, darin etwas anderes zu sehen, als daß eine Aussage, die sich im Hebräerbrief auf das ausschließliche Amt Jesu zur Versöhnung der Welt bezieht, auf einen Menschen angewendet wird, so daß die Einmaligkeit und Besonderheit Jesu aufgehoben ist.

Daß viele christliche Sekten, die die Dreieinigkeit und die Gottheit Jesu Christi ablehnen, wie die Zeugen Jehovas, die Mormonen oder die Unitarier und Universalisten, von Freimaurern gegründet wurden oder inspiriert sind (vgl. das 2. Kapitel des Buches), ist deswegen nur folgerichtig. Damit soll natürlich nichts darüber gesagt werden, ob ‹die Freimaurer› diese Gruppen geplant oder ins Leben gerufen haben oder nicht.

7. Die Freimaurerei ist humanistisch

Nach der biblischen Botschaft kann sich der Mensch nicht selbst retten, sondern ist auf das rettende Handeln Gottes angewiesen. Dies kommt im Alten Testament in der Befreiung Israels aus Ägypten zum Ausdruck und findet seine Erfüllung im stellvertretenden Opfertod Jesu Christi am Kreuz. Schon aus den bisherigen Punkten wurde deutlich, daß der Heilsweg der Maurerei nicht kreationistisch, sondern evolutionistisch ist und daß die Gottessohnschaft Jesu geleugnet wird. In diesem und dem nächsten Punkt soll nun der Heilsweg noch einmal jeweils aus anderer Sicht angesprochen werden. Der freimaurerische Heilsweg ist humanistisch, das heißt, daß der Mensch prinzipiell gut ist und an seiner eigenen Vervollkommnung arbeiten muß und kann. Einige Zitate mögen wieder als Beleg dienen.

«Die Loge ist ein Tempel, auf deren Altar ein Feuer glüht, dessen Säule nach oben steigt und die Herzen nach oben trägt, und sie eben gerade durch die gemeinsame Emporhebung zu dem, der unser aller Vater ist, innig verbindet. Gemeinsame religiöse Erhebung verbindet uns noch inniger zu Brüdern als bloße Moral …» (A. Portig in: Stern von Bethlehem 1981: 113)

«Maurerei ist eine göttlich eingesetzte Institution mit der Aufgabe, Menschen näher zu Gott zu ziehen, um ihnen eine klare Vorstellung ihrer richtigen Beziehung zu Gott als ihrem Himmlischen Vater, zu Menschen als ihren Brüdern und der letztlichen Bestimmung der menschlichen Seele zu geben.» (Iowa Quarterly Bulletin, April 1917, S. 54, zitiert nach Rongstad 1977: 16)

Der Freimaurer J. S. M. Ward schreibt geradezu klassisch:

«Die Freimaurerei hat gelehrt, daß jeder Mensch für sich selbst sein eigenes Bild von Gott erarbeiten und dadurch das Heil erlangen kann.» (zitiert nach Orthodox Presbyterian Church 1942: 9)

und schließt dabei nicht nur das Erarbeiten des Heilswegs ein, sondern zugleich das Erarbeiten des Gottesbildes. Das leitet direkt zum nächsten Punkt über.

8. Die Freimaurerei ist gnostisch

Die ‹Gnosis› geht davon aus, daß das Heil eine Frage der Erkenntnis (griechisch ‹gnosis›) ist. Das setzt voraus, daß die Vernunft gut und in der Lage ist, das Heil zu erkennen und daß die wahre Wirklichkeit eine geistige Wirklichkeit ist. Das Neue Testament bekämpft diese ‹Gnosis› (z.B. 1.Kor 8-10; 1.Tim 6,20-21), weil sie den Menschen für böse und unfähig zur Erkenntnis hält und als wahre Heilserkenntnis nur das gelten läßt, was Gott geoffenbart hat und was historisch tatsächlich geschehen ist. Einige Zitate mögen die gnostische Heilssicht der Freimaurer wieder an Beispielen zeigen:

G. Drenckhahn schreibt etwa:

«Vernünftiges Denken führt uns vom Bewußtsein zum Urbewußtsein, von der Menschenseele zur Weltseele.» (G. Drenckhahn in: Stern von Bethlehem 1981: 304)

Harold J. Bolen schreibt im Zusammenhang mit seinem Eintreten für freimaurerische Symbole:

«Die Freimaurerei glaubt, daß es heiliger ist, durch die Vernunft als durch Glauben zu leben. Vernunft fordert unseren Verstand heraus, während Glaube uns ohne Leistung Trost geben kann. Unser Verstand entspricht dem Gottes und der Mensch hat eine gottgegebene Pflicht, ihn zum Nutzen seiner Mitmenschen und zur Ehre Gottes zu benutzen.» (zitiert nach De Velde 1982: 280)

9. Die Freimaurerei ist verborgen

Eng damit hängt wie in allen gnostischen Systemen der esoterische Charakter der Freimaurer zusammen. Es wurde im 2. Kapitel bereits darauf hingewiesen, daß die Freimaurer kein Geheimnis in dem Sinne haben, daß irgendeine ihrer Handlungen oder Lehren der Öffentlichkeit nicht bekannt wäre. Alles wurde von Freimaurern oder in ‹Verräterschriften› offengelegt. Und dennoch finden die eigentlichen ‹Arbeiten› der Freimaurer unter Ausschluß der Öffentlichkeit sowie vieler Teile der Menschheit statt, in der Regel etwa der Frauen und Behinderten, ja selbst unter Ausschluß der Sympathisanten. Außerdem wurde im 2. Kapitel gezeigt, daß die Freimaurer ihre in der Logengemeinschaft gemachte Erfahrung und Erkenntnis für ihr eigentliches Geheimnis halten. Warum ein solches Verständnis mit der Bibel unvereinbar ist, läßt sich leicht anhand von Matthäus 10,26-27 und Johannes 18,19-21 zeigen, wo Jesus gerade die Transparenz und öffentliche Zugänglichkeit der christlichen Botschaft zum Maßstab erhebt.

In diesem Zusammenhang spielen die Eide der Freimaurer eine große Rolle, in denen man sich vor allem verpflichtet, das freimaurerische Geheimnis nicht preiszugeben.

Der Eid der Grande Lodge von Frankreich lautet etwa:

«Ich schwöre und gelobe aus freiem Willen, angesichts des Großen Baumeisters des Weltalls und dieser ehrwürdigen Versammlung von Maurern, feierlich und aufrichtig, niemals eines der Geheimnisse der Freimaurerei, die mir anvertraut werden, bekanntzumachen, es sei denn einem guten und gesetzmäßigen Maurer oder in einer rechtmäßig eingerichteten Loge, nichts zu schreiben, zu zeichnen, einzukerben, anzuzeigen oder ein Merkmal zu machen, wodurch das Geheimnis enthüllt werden könnte, bei der Strafe, daß mir die Kehle durchschnitten, die Zunge herausgerissen und ich verscharrt werde im Sand des Meeres, so daß Ebbe und Flut mich in ewige Vergessenheit tragen.» (Dierickx 1968: 135)

Ähnliche Bestimmungen enthalten fast alle Eide der verschiedenen Länder und Richtungen.

Zu der Frage, ob die Androhung des Todes für den Verrat ernstgemeint ist oder nicht, führt der Jesuit Dierickx in seiner Verteidigung der Eide aus:

«Wir haben in der ganzen Geschichte kein einziges Beispiel als zwingenden Beweis dafür finden können, daß ein ungetreuer Freimaurer von seinen Brüdern ermordet worden ist. Vielleicht müssen wir den Fall William Morgan aus Batavia in den USA ausnehmen, der so gut wie sicher durch Freimaurer zur Seite gebracht worden ist, weil er die ‹Geheimnisse› der Bruderschaft verraten wollte, aber wir wissen nicht mit Sicherheit, ob er selber Freimaurer war. Und dann gibt es noch den Fall des Nichtfreimaurers Garcia Moreno, Präsident der Republik Ekuador, der im Auftrage der Logen ermordet wurde, aber wir müssen gleich hinzufügen, daß die südamerikanischen Logen, besonders die in Ekuador, zu dieser Zeit eher politische Klubs waren und mit Freimaurerei nicht mehr viel zu tun hatten.» (ebd. 133)

Nun mögen die Eide rein ‹archaischen› Charakter haben, obwohl damit ihr Sinn ja noch nicht erklärt ist. Doch selbst wenn die Eide rein symbolischen Charakter haben, sind sie für einen Christen schwer nachzuvollziehen, denn hier wird als richterliche Instanz die Loge angerufen, während für

Christen Gott allein der Richter ist. Außerdem wird die höchste Strafe, der Tod, und sei es nur symbolisch, für einen Akt herabgerufen, den Christen nicht als falsch ansehen können.

10. Die Freimaurerei ist autonom, nicht theonom

Die Ethik der Freimaurer wird nicht aus irgendeiner Offenbarung abgeleitet, sondern ebenso wie das Heil evolutionistisch, also allmählich, gnostisch, d.h. durch innere Erkenntnis und schließlich humanistisch, also vom Menschen gesetzt. Sie ist daher auto-nom, nicht theo-nom (griechisch: ‹autos› = selbst, ‹theos› = Gott, ‹nomos› = Gesetz). Dementsprechend ist das Humanitätsideal der Freimaurer eine von Menschen gesetzte Ethik, die darauf gründet, daß der Mensch erkennen und festlegen, aber auch ständig korrigieren kann, was gut ist und dieses Ziel aus menschlicher Kraft auch erreichen kann.

Eine amerikanische Großloge schreibt etwa in ihrem Handbuch:

«Die Freimaurerei ist ein wunderschönes System der Moral, verhüllt in Allegorie und illustriert durch Symbole. Das Anliegen der freimaurerischen Institution ist es, seine Mitglieder weiser, besser und daraus folgend glücklicher zu machen; und dies wird erfüllt durch eine Reihe von moralischen Instruktionen, die nach antikem Brauch, durch Typologien, Symbole, allegorische Figuren und Vorlesungen gelehrt werden.» (Grand Lodge of Georgia 1963)

Die höchsten autonomen Werte werden durch die Erkenntnis bestimmt erreicht. So schreibt Friedrich Holtschmidt zum Beispiel:

«Unsere Loosung ist und bleibt: ‹Friede wird einst sein auf Erden und die Liebe Königin.› Und zwar durch das Licht des Maurerthums.» (Stern von Bethlehem 1981: 362)

11. Die Freimaurerei ist ‹sozialistisch›

Von der autonomen Ethik der Maurerei führt ein direkter Weg zu ihrer politischen Ethik. Die Freimaurer erwarten das Heil und den Frieden von der Bruderschaft der Menschheit. So ist es kein Wunder, daß viele Freimaurer ein sozialistisches Staatsverständnis haben. Unter sozialistisch verstehen wir dabei allerdings nicht ‹kommunistisch› oder ‹links›, sondern die Ansicht, daß der Staat bzw. die Gesellschaft die Aufgabe hat, alle Bereiche der Gesellschaft zu bestimmen und zum Guten zu lenken. Die sozialistische Wirtschaft ist nur ein Beispiel dafür: der Staat lenkt die Wirtschaft (angeblich) zum Guten und zur Gerechtigkeit. Die staatliche Schule ist ein weiteres Beispiel. Die Französische Revolution brachte den Nationalismus und damit auch den Gedanken des staatlichen Schulsystems auf, um erstmals allen Franzosen eine für alle verbindliche Sprache, nämlich das Französische, – notfalls mit Zwang – zu lehren und ihnen die Aufklärung zu vermitteln. Dieses Staatsprinzip gibt es in politisch links- wie rechtsgerichteten Variationen. Gemeinsam ist allen diesen Variationen der Gedanke, daß der Staat das Gute schaffen kann und die Verpflichtung hat, alle Bereiche der Gesellschaft zu kontrollieren.

Dieses sozialistische Staatsverständnis widerspricht dem biblischen Staatsverständnis, in dem der Staat die Aufgabe hat, das Böse zu bestrafen (Röm. 13), nicht jedoch das Gute zu verordnen und zu schaffen und in dem dem Staat die Kontrolle der Familie, der Erziehung, der christlichen Gemeinde und anderer Bereiche der Gesellschaft verwehrt wird. Unseres Erachtens ist dieses Staatsverständnis das tragende Fundament gewesen, das die große Zahl ‹sozialistischer› Revolutionäre unter den Freimaurern mit den etablierten Staatsoberhäuptern wie Friedrich dem Großen verbunden hat und das etwa die scheinbar unvereinbaren Elemente der Revolution und der Staatsverherrlichung bei einem Philosophen wie Hegel (vgl. das 1. Kapitel) erklärt. Es würde uns allerdings an dieser Stelle zu weit führen, dieses Thema historisch weiterzuverfolgen (vgl. dazu etwa Rushdoony 1989; North 1989).

Bibliographie

Agethen, Manfred, Geheimbund und Utopie, Illuminaten, Freimaurer und deutsche Spätaufklärer, in: Reichardt, Rolf; Schmitt, Eberhard (Hg.), Ancien Regime, Aufklärung und Revolution Bd. II, München 1984

Algermissen, K., Freimaurer, in: Lexikon für Theologie und Kirche 4, Freiburg (1960) 1986, S. 343-348

Ankerberg, John, *Welden*, John, Christianity and the Secret Teachings of the Lodge, Chattanooga 1989

Ankerberg, John, *Welden*, John, The Facts on the Masonic Lodge, Eugene 1989

Ankerberg, John, *Welden*, John, The Secret Teaching of the Masonic Lodge, Chicago 1990

«Alpina»-Schweizer Freimaurer-Rundschau II/81, Die Entwicklung der Freimaurerei in Österreich, in: Neue Ordnung v. 10.10. 1981, S. 10-12

Baresch, Kurt, Katholische Kirche und Freimaurerei: Ein brüderlicher Dialog 1968 - 1983, 2. Aufl., Wien 1984

Bartels, Adolf, Freimaurerei und deutsche Literatur, München 1929

Beyer, Bernhard, Geschichte der Großloge «Zur Sonne» in Bayreuth, 3 Bde., 1741-1918, Bayreuth 1954, Frankfurt 1954/1954/1955

Beyreuther, Erich, Der Weg der evangelischen Allianz in Deutschland, Wuppertal 1969

Beyreuther, Erich, Geschichte des Pietismus, Stuttgart 1978

Byers, Dale A, I left the Lodge, Schaumburg 1989

Casavis, J. N., The Greek Origin of Freemasonry, New York 1956

Christian Reformed Church, Report 37: Lodge and Church Membership, in: Acts of Synod 1974, Grand Rapids, S. 504-567

Demeter, Karl, Die Frankfurter Loge zur Einigkeit 1742-1966, Ein Beitrag zur deutschen Geistes- und Sozialgeschichte, Frankfurt 1967

D'Hondt, Jacques, Verborgene Quellen des Hegelschen Denkens, 2. Aufl., Berlin 1983

D'Hondt, Jacques, Hegel und seine Zeit, 2. Aufl., Berlin 1984

Dierickx S. J., Michel, Freimaurerei, Die große Unbekannte, Ein Versuch zu Einsicht und Würdigung, Frankfurt 1968

Doering, Theodor, Die Bibel des Freimaurers, Kattowitz, 1883

Evangelical Alliance, Report of the proceedings of the conference, held at Freemasons Hall. London from Aug. 19th to Sept. 2nd inclus. 1846, London 1847

Faivre, Antoine, Esotericism, in: Eliade, Mircea (Hg.), The Encyclopedia of Religion, Vol. 5, New York 1987, S. 156-163

Fay, Bernhard, Revolution and Freemasonry, Boston 1935

Freemasonry, in: Encyclopedia Britannica IV, Chicago 1982/15, S. 302 (kurz EB)

Frick, Karl R. H., Die Erleuchteten: Gnostisch-theosophische und alchemistisch-rosenkreuzerische Geheimgesellschaften bis zum Ende des 18. Jahrhunderts, Wien 1973

Frick, Karl R. H., Licht und Finsternis, Gnostisch-theosophische und freimaurerisch-okkulte Geheimgesellschaften bis an die Wende zum 20. Jahrhundert, Teil 1: Ursprünge und Anfänge, Wien 1975

Frick, Karl R. H., Licht und Finsternis, Gnostisch-theosophische und freimaurerisch-okkulte Geheimgesellschaften bis an die Wende zum 20. Jahrhundert, Teil 2: Geschichte ihrer Lehren, Rituale und Organisationen, Wien 1978

Grand Lodge of Georgia, Masonic Manual and Code of the Grand Lodge of Georgia, 8. Aufl., Georgia 1963

Heaton, Ronald, Masonic Membership of the Founding Fathers, Silver Spring 1965

Hengstenberg, Ernst Wilhelm, Die Freimaurerei und das Evangelische Pfarramt, 2 Bde., Berlin 1854

Holthaus, Stephan, Theosophie – Die Speerspitze des Okkultismus, Asslar 1989

Holthaus, Stephan, Madame Blavatsky und die Theosophische Gesellschaft, Berneck 1990

Holtorf, Jürgen, Die verschwiegene Bruderschaft, Freimaurer-Logen: Legende und Wirklichkeit, München 1988/5

Hutchinson, William, The Spirit of Masonry, London 1775

Jolicoeur, Pamela, *Knowles*, Louis, «Fraternal Associations and Civil Religion: Scottish Rite Freemasonry», in: Review of Religious Research 20(1978)

Kaltenbrunner, Gerd-Klaus (Hrsg.), Hegel und die Folgen, Freiburg 1970

Kedaire, Afghani und Abduh, London 1966

Ketteler, Wilhelm Emmanuel Freiherr von, Kann ein gläubiger Christ Freimaurer sein?, Mainz 1865

Kiesewetter, Hubert, Von Hegel zu Hitler, Hamburg 1974

Kloß, Georg, Geschichte der Freimaurerei in England, Irland und Schottland, Graz (1848) 1971

Knight, Stephen, Freemasonry: The Brotherhood, Granada 1986

Kuntzemüller, Otto, Das freimaurerische Geheimnis, in: Stern von Bethlehem, Ursprung, Wesen und Ziel der Freimaurerei, Hünstetten/Taunus (ca. 1900) 1981, S. 221-227

Kuntzemüller, Otto, Vom Ursprung der Freimaurerei, in: Stern von Bethlehem, Ursprung, Wesen und Ziel der Freimaurerei, Hünstetten/Taunus (ca. 1900) 1981, S. 50-71

Kupisch, Kirchengeschichte V: 1815-1945, 2. Aufl. Stuttgart 1986

Lagutt, Jan K., Der Grundstein der Freimaurerei, Erkenntnis und Verkennung, Reihe Lehre und Symbol 9, Zürich 1958

Lennhoff, Eugen; *Posner*, Oskar, Internationales Freimaurerlexikon, Wien (1932) 1980

Lerich, Konrad, Der Tempel der Freimaurer, Der 1. bis 33. Grad, Bern 1937

Lutheran Church, Missouri Synod, Masonry in the Light of the Bible, St. Louis 1964

Mackey, Albert G., *Hawkins*, Edward L., Revised Encyclopedia of Freemasonry, Richmond 1966

McCormick, W. J. McK., Christ, The Christian, & Freemasonry, Belfast 1984/2

Mellor, Alec, Logen, Rituale, Hochgrade, Handbuch der Freimaurerei, Graz u.a. 1967

Miers, Horst E., Lexikon des Geheimwissens, Freiburg 1986/6

Nietsche, Benno, Freimaurerische Vorträge gehalten in der Loge zur siegenden Wahrheit, Gleiwitz 1881

North, Gary, Conspiracy: A biblical View, F. Woth 1986

North, Gary, Political Polytheism: The Myth of Pluralism, Tyler 1989

Oertzen, Dietrich von, Was treiben die Freimaurer?, 3. Aufl., Gütersloh 1892

Orthodox Presbyterian Church, Christ or the Lodge, Philadelphia ca. 1942 (Nachdrucke o.D.)

Oslo, Allan, Freimaurer, Humanisten? Häretiker? Hochverräter?, Frankfurt 1988

Peuckert, Freimaurer, in: Handwörterbuch des deutschen Aberglaubens 3, Berlin (1930) 1987, S. 23-44

Pfeilschifter, Johann Baptist, Beiträge zu einer Geschichte der Freimaurerei in Österreich, Regensburg 1868

Pick, F. L.; *Knight*, G. N., The Pocket History of Freemasonry, London 1969

Pike, Albert, Morals and Dogma of the Ancient and Accepted Scottish Rite of Freemasonry, Richmond/Virginia (1921) 1966

Rainsbury, A. W., Freemasonry, The Banner of Truth Nr. 273 (June 1986)

Reinalter, Helmut, Aufklärung und Geheimgesellschaft, Zur politischen Funktion und Sozialstruktur der Freimaurerlogen im 18. Jahrhundert, in: Reichardt, Rolf; Schmitt, Eberhard (Hg.), Ancien Regime, Aufklärung und Revolution Bd. 16, Oldenburg 1989

Robbins, Sir Alfred, English speaking Freemasonry, London 1930

Rongstad, James L., How to Respond to the Lodge, St. Louis/Missouri 1977

Roth, Philipp, Masonry in the Formation of our Gouvernment, Washington 1927

Ruppert, Hans-Jürgen, Okkultismus: Geisterwelt oder neuer Weltgeist?, Wuppertal 1990

Ruppert, Hans-Jürgen, Freimaurerquote, in: Materialdienst der EZW, 55. Jg., Nr. 5/1.5.1990, S. 135

Rushdoony, Rousas, Freud, Phillipsbury 1979

Rushdoony, Rousas, «Translation and Subversion», in: Journal of Christian Reconstruction 12(1989): 2: Symposium on the Biblical Text and Literature, Vallecito 1989, S. 10-18

Schenkel, G., Freimaurerei, in: Die Religion in Geschichte und Gegenwart 2, Tübingen (1958-3) 1986, S. 1113-1118

Schilling, Hannelore, Im Zeichen von Rose und Kreuz, Historische und Moderne Rosenkreuzer, in: EZW-Information Nr. 71, XI/77, Stuttgart o. J.

Schirrmacher, Thomas, Marxismus – Opium für das Volk?, Berneck 1990

Schwarz, Dieter, Die Freimaurerei, Weltanschauung, Organisation und Politik, Berlin 1942

Scott, Otto, Robespierre: The Voice of Virtue, New York 1974

Siebel, Wigand, «Der Siegesbericht der Freimaurer», in: Saka Informationen 10(1985): 1(Jan): 6-11

Stemper, William H., Freemasons, in: Eliade, Mircea (Hg.), The Encyclopedia of Religion 5, New York 1987, S. 416-419

Stern von Bethlehem, Ursprung, Wesen und Ziel der Freimaurerei, Hünstetten/Taunus (ca. 1900) 1981

Storms, E. M., Should a Christian be a Mason? 3. Aufl. Fletcher/USA 1984/3

Topitsch, Ernst, Die Sozialphilosophie Hegels als Heilslehre und Herrschaftsideologie, 2. Aufl., München 1981

Tuttle, Robert G., Mysticism in the Wesleyan Tradition, Grand Rapids 1989

De Velde, Everett C., «A Reformed View of Freemasonry», in: James B. Jordan (Hrsg.), The Failure of the American Baptist Culture, Christianity and Civilization 1, Tyler 1982 S. 277-283

Wallmann, Johannes, Der Pietismus, Die Kirche in ihrer Geschichte Band 0-1, Göttingen 1990

Zeitz, Carl-Hermann, 220 Jahre Freimaurerei in Deutschland, Festschrift zum 220. Jubiläum der Loge «Absalom zu den drei Nesseln» (Nr. 1), Hamburg 1957

In dieser Reihe sind bereits erschienen:

Bestell-Nr. 72 801: Klaus Berger
Sigmund Freud – Vergewaltigung der Seele
160 Seiten, Fr. 12.80, DM 14.80, im Abo: Fr. 9.80, DM 11.80

Bestell-Nr. 72 802: Kurt Schein
Adolf Hitler – Idee aus der Finsternis
128 Seiten, Fr. 11.80, DM 13.80, im Abo: Fr. 8.80, DM 10.80

Bestell-Nr. 72 803: Ch.+Th. Schirrmacher
Mohammed – «Prophet» aus der Wüste
128 Seiten, Fr. 12.80, DM 14.80, im Abo: Fr. 9.80, DM 11.80

Bestell-Nr. 72 805: Reinhold Widter
Friedrich Nietzsche – Der Wille zur Macht
176 Seiten, Fr. 14.80, DM 17.80, im Abo: Fr. 11.50, DM 14.30

Bestell-Nr. 72 806: Gottfried Mai
Buddha – Die Illusion der Selbsterlösung
210 Seiten, Fr. 14.80, DM 17.80, im Abo: Fr. 11.50, DM 14.30

Bestell-Nr. 72 807: Gottfried Mai
Napoleon – Die Versuchung der Macht
270 Seiten, Fr. 16.80, DM 19.80, im Abo: Fr. 13.50, DM 16.30

Bestell-Nr. 72 808: Gottfried Mai
Lenin – Die pervertierte Moral
256 Seiten, Fr. 14.80, DM 17.80, im Abo: Fr. 11.50, DM 14.30

Bestell-Nr. 72 809: Franz Stuhlhofer
Darwin – Weltreise zum Agnostizismus
168 Seiten, Fr. 14.80, DM 17.80, im Abo: Fr. 11.50, DM 14.30

Bestell-Nr. 72 810: Bernhard Zimmerer
Richard Wagner – Gralsbote der Selbstherrlichkeit
168 Seiten, Fr. 14.—, DM 16.80, im Abo: Fr. 11.—, DM 13.50

Bestell-Nr. 72 811: Jürgen Kuberski
John Lennon – Der Schrei nach Hilfe
280 Seiten, Fr. 15.80, DM 18.80, im Abo: Fr. 12.50, DM 15.30

Bestell-Nr. 72 812: Benedikt Peters
Gandhi – Der politische Avatar
168 Seiten, Fr. 14.—, DM 16.80, im Abo: Fr. 11.—, DM 13.50

Bestell-Nr. 72 813: Franz Stuhlhofer
Charles T. Russell und die Zeugen Jehovas
Der unbelehrbare Prophet
248 Seiten, Fr. 16.—, DM 18.80, im Abo: Fr. 12.80, DM 14.80